ビギナーズ・クラシックス 中国の古典

史記

福島 正

角川文庫
16616

はじめに

名高良史籍　名《な》は高《たか》し　良史《りょうし》の籍《せき》
――すぐれた史官が編纂《へんさん》した典籍《てんせき》として『史記《しき》』の名声は高い
身毀妬臣年　身《み》は毀《こぼ》たる　妬臣《としん》の年《とし》
――ある年に嫉妬《しっと》深い重臣の讒言《ざんげん》で司馬遷《しばせん》の肉体はそこなわれたが
曦魄懸声価　曦魄《ぎはく》　声価《せいか》に懸《かか》り
――今では輝かしい日月の光が　その評価の上に降り注いでいる
爰言陵谷遷　爰《ここ》に陵谷《りょうこく》の遷《うつ》るを言《い》う
――丘陵と峡谷とが移り変わるように　汚名も名誉に変わったのだ

いきなりむずかしいものを、とお思いでしょうが、これは平安時代の初期、嵯峨《さが》天皇の弘仁《こうにん》五年（八一四年）に成立した『凌雲集《りょううんしゅう》』（日本最初の勅撰《ちょくせん》漢詩集）に収められた賀《か》陽豊年《やのとよとし》の「史記の竟宴《きょうえん》にして、賦《ふ》して太史公《たいしこう》が自序伝《じじょでん》を得《え》たり」という漢詩の末尾四句です。当時の日本は中国文化を摂取して国家の体制を整えることを急務とし、その一環として官人たちに漢籍の講義を聴かせていました。「竟宴」とは講義の打ち上げパーティです。パーティでは、講義された漢籍に関係する人物や事項をテーマにした漢詩が作られました。確かな年代はわかりませんが、おそらく弘仁年間の初めごろ、『史記』の講義が朝廷で行なわれ、その打ち上げパーティで豊年は「太史公自序《たいしこうじじょ》」というテーマを割り当てられて先の漢詩を作ったわけです。このころから、日本で『史記』が本格的に読まれるようになりました。

それから二百年ほどたつと、『史記』は平安貴族にすっかり浸透しました。『枕草子《まくらのそうし》』には、「書《しょ》（書物）は」の書き出しで『白氏文集《はくしもんじゆう》』などと並べて『史記』が挙げられています。『紫式部日記《むらさきしきぶにつき》』には、父の藤原為時《ふじわらのためとき》が弟に『史記』を講義するのをそばで聞いていた紫式部が、弟よりも早く正確に暗唱したので、「この娘《こ》が男であったなら」と父を嘆かせた話が出てきます。あの清少納言《せいしようなごん》も紫式部も『史記』に親しんでいたのです。

以来、『史記』は貴族から武士へ、武士から町民へと浸透を続け、現在に至っています。それは中国から伝わった年中行事、たとえば七夕《たなばた》祭りが、貴族から武士へ、武士から町人へと次第に広まり、今ではわたしたちの生活に定着しているのと、ちょうど同じようなものではないでしょうか。

歴史ものをいつも読んでいるからでしょうか、それとも年のせいでしょうか、自分は歴史の中に生きているのだと思うようになりました。もちろん、歴史に名を残そうなどという気持ちは全くありません。昔からたくさんいて今もたくさんおり、これからもたくさんいるだろう人間の一人なのだと思うのです。

受験のため、仕事のため、などと思って書物を読むと、気詰まりなだけで一向におもしろくありません。でも、昔からたくさんの人が読んできたし、これからもそうだろうから、それじゃあ自分も読んでみるかと思ってかかると、気楽になって意外とおもしろく読めるものです。『史記』だって昔からたくさんの人が読んだし、これからもきっとそうでしょう。その一人として、皆さまも『史記』を読んでごらんになりませんか。

さいわい、『史記』は素材のままでも充分におもしろい書物です。ですから、本書では現代語訳だけでも楽しめるように工夫しました。説明の部分はソースやわさび醤油《じょうゆ》のようなものです。お好みに合わせてご利用いただくと、さらにおいしくなるでしょう。そうそう、「コラム」という付け合わせの野菜も添えてあります。でも、おいしくお召し上がりになる一番のコツは、健康のためとか栄養のためなどとは考えず、ともかく気楽に食卓におつきになることだと、この小さな店のあるじは思っているのです。

目次

◈第二部　戦国時代の人間関係――「魏《ぎ》公子《こうし》列伝《れつでん》」より　99

解説

司馬遷《しばせん》と『史記《しき》』

一、司馬遷のこと

司馬遷の生涯と人となりを教えてくれる資料は、『史記』太史公自序《たいしこうじじょ》と「任少卿《じんしょうけい》に報《ほう》ずるの書《しょ》」の二つです。前者は『史記』百三十篇の末尾に置かれた自伝、後者は任安《じんあん》、字《あざな》は少卿《しょうけい》という人からもらった手紙への返事です。任安からの来信は現在伝わっていませんが、さいわいにも残っていたこの返書からは、後ほど紹介する「李陵《りりょう》の禍《か》」前後の苦悩と決意とを知ることができます。

司馬遷の字《あざな》は子長《しちょう》。生年は、前漢《ぜんかん》の景帝《けいてい》の中元《ちゅうげん》五年（前一四五年）とする説と武帝《ぶてい》の建元《けんげん》六年（前一三五年）とする説とがあり、正確にはわかりません。ここではひとまず前一四五年の生まれと仮定して話を進めたいと思います。

生まれ故郷は黄河に沿った夏陽《かよう》（現在の陝西省韓城市《せんせいかんじょう》）という町で、現在、そこには司馬遷を祭る祠堂《しどう》があり、墓も残っています。夏陽から二十キロメートルほど北に行くと黄河最大の難所として知られる壺口瀑布《ここうばくふ》、別名「龍門《りゅうもん》」があります。ほとんどの魚がそこを登れず、登った魚は龍になるという「登龍門《とうりゅうもん》」の伝説を生んだ名所です。

前一四〇年ごろ、都の長安《ちょうあん》（現在の陝西省西安市《せいあん》）に移り住みました。父の司馬談《しばたん》が太史令《たいしれい》に任命されたからです。「太史」は史官《しかん》の一つで「令」はその長官。天体の運行を観測して正確な暦を作成すること、歴史を記録してその文書を管理すること、儀式・祭典の際に君主を補佐することなどが主な職務でした。

前一二六年、二十歳になった司馬遷は、中国の南部・東部を巡る大旅行に出発しました。およそ三年を費やしたこの旅では、太古の帝王の伝説が残る古跡、春秋・戦国時代のさまざまな人物にゆかりの土地、そして項羽《こうう》と劉邦《りゅうほう》との戦いで活躍した英雄たちの故郷など、歴史の舞台となった場所をたくさん見て回りました。

この旅から帰ると、しばらくして郎中《ろうちゅう》に登用されました。初めての任官です。郎中というのは皇帝の雑用係のようなもので、時には使命を受けて遠方に出張することもありました。司馬遷も前一一一年に中国の西南部、現在の四川省《しせん》や雲南省《うんなん》に出張しています。

先の旅やこの出張で得た見聞は『史記』のあちらこちらに記され、それが『史記』の記述に厚みを増す効果を上げています。

出張を終えて都に帰ったのは前一一〇年。この年、悲劇が司馬遷を襲いました。生涯に二度起きた悲劇のうちの一度目です。

当時の皇帝は武帝（前一四〇〜前八七年在位）でした。衛青《えいせい》・霍去病《かくきょへい》らを登用して遊牧民族の匈奴《きょうど》を北方に駆逐するなど、数々の業績を残した英傑です。その栄光をさらに飾るため、武帝は前一一〇年に「封禅《ほうぜん》」を挙行しました。封禅とは泰山《たいざん》（現在の山東《さんとう》省にある山）で天地を祭る儀式で、古来、抜群の業績を挙げた帝王にだけ許された大祭典です。司馬談はその随員に選ばれたのですが、どうしたわけか途中の洛陽《らくよう》（現在の河南《かなん》省洛陽市）に留め置かれ、封禅に参列できなくなりました。太史令として武帝を補佐する晴舞台を目前にしながら、その随員からはずされてショックだったのでしょうか、司馬談はそのまま死の床につき、長安から駆けつけた息子・司馬遷の手を取って遺言しました。その場面を「太史公自序」から引用しておきましょう。

『春秋《しゅんじゅう》』が獲麟《かくりん》の年（前四八一年）に終わって以来、四百年ほどになる。その間、諸侯《しょこう》は互いの国を併合しあい、歴史記録は散乱した。今や、漢が興って天下は統一された。賢明な君主や忠義に死んだ人士《じんし》のことを、太史でありながら記録に残せず、天下の歴史文書を廃棄されるに任せておくこと、それがわしには最も心残りなのだ。おまえはそれを心に留めておいてくれ。

司馬談は公務の合間を縫い、『春秋』以後の歴史記録をまとめる仕事を秘《ひそ》かに進めていたのでした。しかし、自分の手ではそれを完成することができないと悟り、息子に見果てぬ夢を託したのです。司馬遷は頭《こうべ》をたれ、涙ながらに答えました。

ふつつかなわたくしですが、ご先祖さま以来書き継がれた記録を全て論述し、決して失われることがないようにいたしたいと存じます。

それから間もなくして司馬談は亡くなりました。

父の喪《も》が明けた前一〇八年、司馬遷は太史令となりました。当時、史官のような専門職は世襲されていたようです。その後、しばらくは公務としての暦の改訂作業に力を尽くし、その努力は前一〇四年に公布された「太初暦《たいしょれき》」に結実しました。そしてこの年、父から受け継いだ歴史編纂《へんさん》の仕事、つまり『史記』の執筆を本格的に開始しました。時に司馬遷四十二歳。

こうして公務のかたわら『史記』の執筆にいそしんでいた前九九年、二度目の悲劇が思いもよらぬ形で降りかかってきました。しかも、親の死という大抵の人が経験することとは違い、今度の悲劇は極めて稀《まれ》な、かつ極めて悲惨なものでした。

中島敦《なかじまあつし》さんの『李陵《りりょう》』をお読みになった方もいらっしゃるでしょう。主人公の李陵は名将李広《りこう》の孫で、前九九年、匈奴《きょうど》への遠征軍の別働隊を率いた人物です。この時、本隊の到着が遅れ、敵地深くまで侵入した李陵は孤立しました。そのため、匈奴の大軍を相手に奮戦したものの、最後は降伏を余儀なくされたのです。その報告が届くと、朝廷では一斉に李陵への非難が巻き起こりました。そんな中、司馬遷だけは敢然と弁護の意見を述べました。もともと司馬遷は自由奔放で侠気《きょうき》に富む性格でしたから、力尽きるまで戦った李陵に共感したのでしょう。ところが、それが武帝の逆鱗《げきりん》に触れ、投獄されて死刑を宣告されてしまったのです。

当時の制度では、死刑を免れる方法がいくつかありました。たとえば、金銭を積んで贖罪《しょくざい》を求めることができましたが、それは到底用意できる金額ではありませんでした。誰かの口添えがあれば減刑される可能性もありましたが、友人たちは一人として支援してくれませんでした。残る唯一の道は「宮刑《きゅうけい》」、つまり男性の生殖器を切断する刑罰を受けて「宦官《かんがん》」となることだけでした。しかし、宦官は汚らわしい存在として人々からさげすまれてきました。宦官になるぐらいなら、むしろ死を選ぼうと司馬遷は幾度も考えました。ですが、結局は宦官への道を選んだのです。その時の心境は「任少卿に報ずるの書」に切々と綴《つづ》られています。その一節を紹介しましょう。

わたくしは天と人間との関係を究明し、太古から現代に至るまでの変化を通覧し、独自の見解を樹立しようと考えました。しかし、草稿が完成する前に、思いもよらずこの禍《わざわ》いに遭遇しました。それを完成できないのが残念なため、この極刑に従い、怨《うら》み顔も見せずに生きているのです。

汚らわしい宦官になる道を甘受したのは、死を恐れたからではありませんでした。宦官として生きることが死よりもはるかに苦しいのを承知の上で、『史記』を完成するためにその道を選んだのです。投獄から死刑の宣告、そして宮刑の選択という一連の出来事を「李陵の禍」と呼びます。この「李陵の禍」を境に、司馬遷は『史記』のために生き、『史記』は司馬遷の生きる証《あかし》となったのでした。

以後の司馬遷の足跡について、知られていることはほとんどありません。前九八年に宮刑に処せられた後、しばらくしてから出獄して中書謁者令《ちゅうしょえつしゃれい》（皇帝の秘書長）に任命されたことだけが伝わっていますが、具体的な活動の記録は残っていません。通説では『史記』が完成したのは前九一年ごろ、亡くなったのは前八六年ごろとされていますが、これらはいずれも推定です。このように、肝腎《かんじん》のところがわからないのは物足らないようにお感じになるかもしれません。しかし、司馬遷が精魂をこめた『史記』が今わたしたちの前にあること、それがこの不足を十二分に補ってくれるでしょう。

二、『史記』のこと

中国の歴史書のスタイルは多様ですが、主要なものは「編年体《へんねんたい》」「紀伝体《きでんたい》」「紀事本末《きじほんまつ》体《たい》」の三種です。編年体は出来事を時系列に従って記述してゆくものです。紀伝体は本《ほん》紀《ぎ》や列伝《れつでん》などのジャンルを設け、人物の伝記を中心に構成されたものです。紀事本末体は重要な事件をピックアップし、それぞれの事件ごとに集中的な記述を行なったものです。それぞれ、「時」「人」「事」を機軸にして歴史を記録したものとお考えくださればよいでしょう。成立したのは、シンプルな編年体が最も早くて春秋時代かそれ以前に、紀事本末体が最も遅れて南宋《なんそう》時代（十二世紀）に現われました。そして紀伝体は司馬遷によって創出されました。『史記』がその嚆矢《こうし》だったわけです。

『史記』が世に出ると、このスタイルはたちまち流行しました。班固《はんこ》の『漢書《かんじょ》』、范曄《はんよう》の『後漢書《ごかんじょ》』、陳寿《ちんじゅ》の『三国志《さんごくし》』など、紀伝体の歴史書が次々と作られ、ついには唐《とう》代の初期（八世紀）にそれが「正史《せいし》」、つまり正統的な歴史書と認定されるに至りました。同じころから、王朝が交代するごとに、新しい王朝が国家事業として前の王朝の歴史を紀伝体で編纂することも定例化し、現在では『史記』『漢書』から『元史《げんし》』『明史《みんし》』までの二十四種の紀伝体史が正史として居並んでいます。

次に、『史記』の構成を簡単に紹介しましょう。全体は後の「『史記』篇目表」でご覧いただくとしまして、ジャンルごとに説明してゆきたいと思います。

最初は本紀《ほんぎ》。これは十二篇あります。太古の聖天子の記録である「五帝本紀《ごていほんぎ》」に始まり、夏《か》・殷《いん》・周《しゅう》三代の王朝史としての「夏本紀《かほんぎ》」「殷本紀《いんほんぎ》」「周本紀《しゅうほんぎ》」、秦《しん》帝国の興亡を記した「秦始皇本紀《しんしこうほんぎ》」と、秦より前は基本的に王朝ごとに編集されています。漢代《かん》に入ると、「高祖《こうそ》本紀《ほんぎ》」「孝文本紀《こうぶんほんぎ》」「孝景本紀《こうけいほんぎ》」「孝武《こうぶ》本紀《ほんぎ》」というように、高祖《こうそ》劉邦《りゅうほう》に始まり、文帝《ぶんてい》・景帝《けいてい》・武帝《ぶてい》のそれぞれ一代記になります。ですから、本紀は原則的に王朝や皇帝の記録と考えればよさそうで、実際、『漢書』以降の正史ではその原則がほぼ守られています。ところが、『史記』にはそれから外れる「秦本紀《しんほんぎ》」「項羽《こうう》本紀《ほんぎ》」「呂后本紀《りょこうほんぎ》」の三篇があるのです。「秦本紀」が扱っているのは春秋・戦国時代の秦の歴史で、当時、秦は諸侯国の一つにすぎませんでした。項羽は皇帝にはならずに「西楚《せいそ》覇王《はおう》」で終わり、呂后は高祖の皇后でした。ですから、後世、それらを本紀に入れたことを批判する意見がしばしば出されましたが、むしろそこに司馬遷の独自性が示されているように思われます。おそらく司馬遷は、「戦国時代は名目的には周王朝の一時期だが、実質的には秦の動向が他の諸国の対応を決定づけていた。項羽は秦帝国の滅亡後、しばらくは実権を握った。呂后もまた、高祖が亡くなった後に実権を握った」と考え、それらを本紀に立てたのでしょう。権力の所在、いいかえれば天下の中心がどこにあったのかを考察し、それを明らかにする目的で十二篇の本紀を構成したのです。『史記』はリアリズムの文学と評されることがありますが、歴史をリアルに見つめる司馬遷の目がそれを生み出したことを忘れてはならないでしょう。

次に表《ひょう》が十篇。「十二諸侯年表《じゅうにしょこうねんぴょう》」と「六国年表《りっこくねんぴょう》」は、それぞれ春秋時代と戦国時代の諸国の対照年表です。秦漢交代期のめまぐるしい時期には「秦楚之際月表《しんそのさいげつぴょう》」と、一箇月ごとの細かい表に仕立てています。漢帝国成立後は、国家を支える王侯や大臣の変遷が一覧できる配慮がなされています。表は一見すると無味乾燥に感じられますが、使ってみると便利ですし、その構造を深く考察すると興味深いところがたくさんあります。一方で、表の記載には本紀や世家《せいか》・列伝《れつでん》と食い違う箇所もあり、現在も出土資料や暦法の研究によって補正が続けられています。

次に書《しょ》が八篇。政治面にだけ目を向けていたのでは見落とす恐れのある文化史・制度史を専門的に扱ったジャンルです。いささかむずかしいので敬遠されがちですが、先に触れた武帝の封禅に関係する「封禅書《ほうぜんしょ》」や、武帝の経済政策に関係する「平準書《へいじゅんしょ》」などには、武帝に対する司馬遷の批判的な見方が示されていますので、日本語訳でいいですから一度ご覧になればおもしろいですよ。

次に世家《せいか》が三十篇。「呉太伯世家《ごたいはくせいか》」から「田敬仲完世家《でんけいちゅうかんせいか》」までの十六篇は春秋・戦国時代の諸侯国の記録です。「楚元王世家《そげんおうせいか》」から「三王世家《さんおうせいか》」までの十一篇は漢代に領国をもらって王の称号を受けた人々、つまり諸侯王たちの記録です。ですから、世家は原則的に諸侯国や諸侯王の記録と考えればよさそうですが、ここにも本紀の場合と同様に原則から外れる「孔子《こうし》世家《せいか》」「陳渉世家《ちんしょうせいか》」「外戚世家《がいせきせいか》」の三篇が存在します。「孔子世家」は孔子の伝記で、彼は一国の君主になったことなどありません。陳渉のことは本編で触れますので（一六九ページ）ここでは省略します。「外戚世家」は漢の皇后たちの伝記です。司馬遷はこうした人々のことを、天下の中心を示す本紀に入れることはできないが、さりとて一般の人々と同列に扱って列伝に置くわけにもゆかないと考え、その中間である世家に収めたのではないでしょうか。特に「孔子世家」の存在は、司馬遷を含む当時の人々が孔子に寄せていた尊崇を示しているように思われます。

最後に列伝《れつでん》。これは七十篇と『史記』百三十篇の過半を占めます。それを大別すれば、人物の伝記と「匈奴列伝《きょうどれつでん》」「朝鮮列伝《ちょうせんれつでん》」「大宛列伝《たいえんれつでん》」など周辺異民族の記録とに分かれます。さらに前者は「伍子胥列伝《ごししょれつでん》」や「魏《ぎ》公子《こうし》列伝《れつでん》」のように一篇を一人の伝記に当てた独伝《どくでん》、「老子《ろうし》・韓非《かんぴ》列伝《れつでん》」「廉頗《れんぱ》・藺相如列伝《りんしょうじょれつでん》」のように一篇に複数の人物を収めた合伝《ごうでん》、そして「刺客列伝《しかくれつでん》」「游俠列伝《ゆうきょうれつでん》」「貨殖列伝《かしょくれつでん》」のように、人名を表題に出さず、そこに収められた人々の属性でくる雑伝《ざつでん》の三種類に分かれます。刺客は殺し屋、游俠はヤクザのボス、貨殖は大商人で、いずれも裏社会や下層階級の人々でした。しかし彼らは、誰からも掣肘《せいちゅう》されることなく、自分の意志や才覚に任せて活躍した自由人でもありました。自由奔放で侠気に富んだ司馬遷は、こうした人々に共感を覚え、彼らのことを歴史記録に留《とど》めたのでしょう。

総じていえば、『史記』には皇帝や王侯、政治家や名将などのお歴々から、思想家や文学者といった専門家、はては殺し屋やヤクザ、大商人まで、多彩な人々が記録されています。その多彩な人々がそれぞれの能力を十全に発揮して生きるところに人間世界のすばらしさがあり、歴史の原動力があることを司馬遷は伝えようとしているのでしょう。そして、ここまでお読みくだされば、彼が紀伝体を創出した目的が、多彩な人間を多彩なままに記録するところにあったこともご理解いただけるだろうと思います。

◆参考文献（副題や発行年は省略しました）

［原　典］

①瀧川資言ら『史記会注考証　附校補』（全二冊）　上海古籍出版社

②顧頡剛ら標点『史記』（全十冊）（標点本二十四史）　北京・中華書局

③張大可『史記全本新注』（全四冊）　三秦出版社

［訳注書］

④田中謙二ら『史記』（全三冊）（朝日選書　中国古典選）　朝日新聞社

⑤野口定男ら『史記』（全三冊）（中国古典文学大系）　平凡社

⑥吉田賢抗ら『史記』（既刊十三冊）（新釈漢文大系）　明治書院

⑦小川環樹ら『史記列伝』（全五冊）（岩波文庫）　岩波書店

⑧小川環樹ら『史記世家』（全三冊）（岩波文庫）　岩波書店

［解説書］

⑨バートン・ワトソン（今鷹眞訳）『司馬遷』（筑摩叢書）　筑摩書房

⑩大島利一『司馬遷と「史記」の成立』（清水新書）　清水書院
⑪宮崎市定『史記を語る』（岩波文庫／『宮崎市定全集』第五巻）　岩波書店
⑫李長之（和田武司訳）『司馬遷』（徳間文庫）　徳間書店
⑬藤田勝久『司馬遷とその時代』（東洋叢書）　東京大学出版会
⑭加地伸行『「史記」再説』（中公文庫）　中央公論新社
⑮大木　康『史記と漢書』（書物誕生　あたらしい古典入門）　岩波書店

［付　記］

一、右に挙げた文献の中には、複数の出版社から発行されているものや、判型を変えて発行されたものがあります。ここでは最も新しく発行されたものを挙げるようにしました。

二、本書の底本には①を用いました。ただし、句読点などは②③を参考にして改めたところがあります。

三、ところどころに引用した日本の古典文学作品は、基本的に岩波書店の「日本古典文学大系」（旧大系）に準拠しました。

『史記』篇目表（篇題は『史記会注考証』本による）

【本紀】十二篇
1 五帝本紀《ごていほんぎ》
2 夏本紀《かほんぎ》
3 殷本紀《いんほんぎ》
4 周本紀《しゅうほんぎ》
5 秦本紀《しんほんぎ》
6 秦始《しんし》皇本紀《こうほんぎ》
7 項羽《こうう》本紀《ほんぎ》
8 高祖《こうそ》本紀《ほんぎ》
9 呂后本紀《りょこうほんぎ》
10 孝文本紀《こうぶんほんぎ》
11 孝景本紀《こうけいほんぎ》
12 孝武《こうぶ》本紀《ほんぎ》

【表】十篇
13 三代世表《さんだいせひょう》
14 十二諸侯年表《じゅうにしょこうねんぴょう》
15 六国年表《りっこくねんぴょう》
16 秦楚《しんそ》之《の》際月表《さいげつぴょう》
17 漢興以《かんこうい》来諸侯王年《らいしょこうおうねん》表《ぴょう》
18 高祖《こうそ》功《こう》臣《しん》侯《こう》者《しゃ》年《ねん》表《ぴょう》
19 恵景間侯者年表《けいけいかんこうしゃねんぴょう》
20 建《けん》元《げん》以《い》来《らい》侯《こう》者《しゃ》年《ねん》表《ぴょう》
21 建元已《けんげんい》来王子《らいおうし》侯者《こうしゃ》年表《ねんぴょう》
22 漢興以《かんこうい》来将《らいしょう》相《しょう》名《めい》臣年表《しんねんぴょう》

【書】八篇
23 礼書《れいしょ》
24 楽書《がくしょ》
25 律書《りつしょ》
26 暦書《れきしょ》
27 天官書《てんかんしょ》
28 封禅書《ほうぜんしょ》
29 河《か》渠書《きょしょ》
30 平準書《へいじゅんしょ》

【世家】三十篇
31 呉《ご》太伯世家《たいはくせいか》
32 斉太公世家《せいたいこうせいか》
33 魯周公世家《ろしゅうこうせいか》
34 燕召公世家《えんしょうこうせいか》
35 管《かん》・蔡世家《さいせいか》

90 魏豹《ぎほう》・彭越《ほうえつ》列伝《れつでん》
91 黥布《げいふ》列伝《れつでん》
92 淮陰侯《わいいんこう》列伝《れつでん》
93 韓信《かんしん》・盧綰《ろわん》列伝《れつでん》
94 田儋《でんたん》列伝《れつでん》
95 樊《はん》・酈《れき》・滕《とう》・灌《かん》列伝《れつでん》
96 張丞相《ちようじようしよう》列伝《れつでん》
97 酈生《れきせい》・陸賈《りくか》列伝《れつでん》
98 傅《ふ》・靳《きん》・蒯成《かいせい》列伝《れつでん》
99 劉敬《りゆうけい》・叔孫通《しゆくそんとう》列《れつ》伝《でん》
100 季布《きふ》・欒布《らんぷ》列伝《れつでん》
101 袁盎《えんおう》・鼂錯《ちようそ》列伝《れつでん》
102 張釈之《ちようせきし》・馮唐《ふうとう》列伝《れつでん》

103 万石《ばんせき》・張叔《ちようしゆく》列伝《れつでん》
104 田叔《でんしゆく》列伝《れつでん》
105 扁鵲《へんじやく》・倉公《そうこう》列伝《れつでん》
106 呉王濞《ごおうひ》列伝《れつでん》
107 魏其《ぎき》・武安侯《ぶあんこう》列伝《れつでん》
108 韓長孺《かんちようじゆ》列伝《れつでん》
109 李将軍《りしようぐん》列伝《れつでん》
110 匈奴《きようど》列伝《れつでん》
111 衛将軍《えいしようぐん》・驃騎《ひようき》列伝《れつでん》
112 平津侯《へいしんこう》・主父《しゆほ》列伝《れつでん》
113 南越《なんえつ》列伝《れつでん》
114 東越《とうえつ》列伝《れつでん》
115 朝鮮《ちようせん》列伝《れつでん》
116 西南夷《せいなんい》列伝《れつでん》

117 司馬相如《しばしようじよ》列伝《れつでん》
118 淮南《わいなん》・衡山《こうざん》列伝《れつでん》
119 循吏《じゆんり》列伝《れつでん》
120 汲《きゆう》・鄭《てい》列伝《れつでん》
121 儒林《じゆりん》列伝《れつでん》
122 酷吏《こくり》列伝《れつでん》
123 大宛《たいえん》列伝《れつでん》
124 游俠《ゆうきよう》列伝《れつでん》
125 佞幸《ねいこう》列伝《れつでん》
126 滑稽《こつけい》列伝《れつでん》
127 日者《につしや》列伝《れつでん》
128 亀策《きさく》列伝《れつでん》
129 貨殖《かしよく》列伝《れつでん》
130 太史公自序《たいしこうじじよ》

◆第一部　春秋末期の動乱——「伍子胥列伝《ごししょれつでん》」より

「故事成語」というものがあります。故《ふる》い出来事が由来となって形成された漢語、というぐらいの意味でしょう。ある出来事への鮮烈な記憶が原動力となり、それを集約することばを生み出したわけです。時がたつにつれ、その出来事への記憶は薄れてゆきますが、生み出されたことばは生き続けます。まるで、昔の記憶を閉じこめたタイム・カプセルのように。

「呉越同舟《ごえつどうしゅう》」「臥薪嘗胆《がしんしょうたん》」——。わたしの旧式のワープロでも一発で変換できました。これらのことばが生き続けている証拠でしょう。しかし、その由来について詳しくご存じの方は、次第に減ってきているのではないでしょうか。実は、これらは中国の春秋時代末期、紀元前五〇〇年代の後半から四〇〇年代の前半にかけて、長江《ちょうこう》の下流域（現在の江蘇《こうそ》省・浙江《せっこう》省あたり）にあった呉《ご》の国と越《えつ》の国との抗争事件が由来となって生まれたことばです。ここでは、その事件に関わった一人の人物、伍子胥《ごししょ》の伝記を読んでみようと思います。読み進めてゆくうちに、「尸《しかばね》に鞭《むち》うつ」や「日暮れて途《みち》遠し」、あるいは「会稽《かいけい》の恥を雪《すす》ぐ」「牛耳《ぎゅうじ》を執《と》る」といった成語の由来もわかってくることでしょう。

前置きが長くなってしまいましたが、それではそろそろこのタイム・カプセルを開いてみることにいたしましょう。

(1) 伍子胥《ごししょ》の父祖

伍子胥《ごししょ》なる者《もの》は、楚《そ》の人《ひと》なり。名《な》は員《うん》。員《うん》の父《ちち》を伍奢《ごしゃ》と曰《い》い、員《うん》の兄《あに》を伍尚《ごしょう》と曰《い》う。その先《せん》を伍挙《ごきょ》と曰《い》い、直諫《ちょっかん》を以《もっ》て楚《そ》の荘王《そうおう》に事《つか》えて顕《あらわ》る有《あ》り。故《ゆえ》にその後世《こうせい》　楚《そ》に名《な》有《あ》り。

◆伍子胥者、楚人也。名員。員父曰㆓伍奢㆒、員兄曰㆓伍尚㆒。其先曰㆓伍挙㆒、以㆓直諫㆒事㆓楚荘王㆒有㆑顕。故其後世有㆑名㆓於楚㆒。

伍子胥《ごししょ》という者は楚《そ》の人である。名は員《うん》。員の父を伍奢《ごしゃ》といい、員の兄を伍尚《ごしょう》という。彼らの先祖を伍挙《ごきょ》といい、楚の荘王《そうおう》に仕えて歯に衣《きぬ》きせぬ諫言《かんげん》をしたことで有名になった。だから、その子孫は楚で名声があった。

❖❖❖❖

「伍子胥列伝《ごししょれつでん》」は『史記』の巻六十六、列伝七十篇の六番目にあります。ここはその冒頭部分、伍子胥の父と兄、そして祖父の伍挙《ごきょ》について紹介した箇所です。「伝」というのは、もともとは経書《けいしょ》（儒教の聖典）の注釈で、『春秋左氏伝《しゅんじゅうさしでん》』（魯《ろ》の国の年代記を孔子が整理したという『春秋』に、左丘明《さきゅうめい》が豊富な歴史事実を補ったとされる書物）、『周易《しゅうえき》』繋辞伝《けいじでん》（占いの書物であった『周易』に哲学的な解釈を加えたもの）、『尚書《しょうしょ》』孔安国伝《こうあんこくでん》（太古から西周《せいしゅう》にいたる時期の帝王・名臣の言行を記録した『尚書』に、前漢《ぜんかん》の孔安国が付けたとされる注釈）などの「伝」は、すべて注釈書の意味で使われています。日本の本居宣長《もとおりのりなが》の『古事記伝《こじきでん》』もそ

伍氏世系

伍参──伍挙──伍奢
- 伍尚
- 伍員（子胥）──伍豊

うですね。それがやがて個人の一代記にも転用され、現在では「伝」といえば人物の伝記を指すのが通例となっています。

個人といいましても、現代的な個人意識が昔からあったわけではありません。特に同族意識の強い中国では、伝記は一族のそれの形式を取ることが多いのです。『史記』百三十篇の末尾に置かれた「太史公自序《たいしこうじじょ》」は司馬遷《しばせん》の自伝ですが、太古に活躍した祖先の事跡から説き起こし、父の司馬談《しばたん》のことに相当筆を費やした後に、ようやく自分の経歴を語り始めます。ですから、「太史公自序」は司馬一族の族伝でもあったわけです。「伍子胥列伝」が父祖の紹介に始まるのも、一つにはそれと同じと考えてよいでしょう。「一つには」と申しましたのは、「伍子胥列伝」の場合、父や兄のことは同族だからという理由だけで出されているのではないからです。彼らの巻きこまれた悲劇が、伍子胥自身の生涯を決定づけたのです。しかし、それはおいおい見ることにしまして、ここでは祖父の伍挙と楚《そ》の荘王《そうおう》とのことを紹介しておきましょう。

楚は長江の中流域（現在の湖南省《こなん》・湖北省《こほく》・安徽省《あんき》あたり）に栄えた大国で、その歴史は『史記』楚《そ》世家《せいか》に記録されています。荘王は前六一三年に即位しました。ところがこの王さま、即位してから三年間というもの、何の号令も出さないばかりか、日夜淫楽《いんらく》にふけり、「諫《いさ》めようとする者がおれば殺すぞ」と家臣を威嚇していました。そこへ登場したのが伍挙です。伍挙は「ひとつ謎かけをいたしましょう」と荘王に申し出て、「丘の上に鳥がおりまして、三年間、飛びも鳴きもいたしません。これは何の鳥でございましょうか」と問いかけました。荘王は、「三年間飛ばずとも、飛べば天にも届くだろう。三年間鳴かずとも、鳴けば人を驚かすだろう。伍挙よ、さがっておれ。わしにはわかっておるのじゃ」と答えました。それから間もなくして、荘王は内政を整え、前六〇六年には周《しゅう》の都の洛陽《らくよう》郊外にまで兵を進め、周の国宝である鼎《かなえ》の重さをたずねました。周に代わって天下を取ろうとする意志を示したのです。荘王は三年間、国の内外をじっくりと観察しており、伍挙の炯眼《けいがん》はそれをちゃんと見抜いていたわけです。この故事から、「将来の成功を期して静かに力を蓄えること」を意味する「鳴かず飛ばず」や、「主導的な地位にいる者の実力を疑い、それに取って代わろうとすること」を意味する「鼎《かなえ》の軽重《けいちょう》を問《と》う」という成語が生まれました。「鳴かず飛ばず」は、今では「何の活躍もせずに空しく時を過ごすこと」などと、あまりよくない意味で使われているようですが、本来の意味は上記のとおりです。

(2) 費《ひ》無《む》忌《き》の陰謀

楚《そ》の平王《へいおう》 太子《たいし》有《あ》り、名《な》を建《けん》と曰《い》う。伍奢《ごしや》をして太傅《たいふ》と為《な》し、費無忌《ひむき》をして少傅《しょうふ》為《た》ら使《し》む。無忌《むき》 太子建《たいしけん》に忠《ちゆう》ならず。平王《へいおう》 無忌《むき》をして太子《たいし》の為《ため》に婦《ふ》を秦《しん》より取《と》ら使《し》む。秦《しん》の女《むすめ》好《よ》し。無忌《むき》馳《は》せ帰《かえ》り、平王《へいおう》に報《ほう》じて曰《いわ》く、「秦《しん》の女《むすめ》 絶《はなは》だ美《び》なり。王自《おうみずか》ら取《と》り、更《あらた》めて太子《たいし》の為《ため》に婦《ふ》を取《と》る可《べ》し」と。平王遂《へいおうつい》に自《みずか》ら秦《しん》の女《むすめ》を取《と》りて絶《はなは》だこれを愛幸《あいこう》し、子《こ》の軫《しん》を生《う》む。更《あらた》めて太子《たいし》の為《ため》に婦《ふ》を取《と》る。

◆楚平王有二太子一、名曰レ建。使下伍奢為二太傅一、費無忌為中少傅上。無忌不レ忠二於太子建一。平王使下無忌為二太子一取中婦於秦上。秦女好。無忌馳帰、報二平王一曰、「秦女絶美。王可下自取、而更為二太子一取上レ婦」。平王遂自取二秦女一而絶愛二幸之一、生二子軫一。更為二太子一取レ婦。

楚《そ》の平王《へいおう》には太子がいて、名を建《けん》という。［平王は］伍奢《ごしゃ》を太傅《たいふ》に、費無忌《ひむき》を少傅《しょうふ》に任命した。費無忌は太子建に忠実ではなかった。平王は、太子のために秦《しん》から妃《きさき》をもらってくるよう、費無忌をつかわした。［太子建の妃になる予定の］秦の公女《こうじょ》は美人であった。費無忌は大急ぎで帰国し、平王に報告した、「秦の娘《むすめ》御《ご》はとてもお美しゅうございます。王さまがご自身で娶《めと》られ、太子さまのためにはあらためてお妃を娶られるのがよろしゅうございます」。平王はそのとおりに自分で秦の公女を娶り、いたく寵愛《ちょうあい》し、息子の軫《しん》を生んだ。太子のためにはあらためて妃を娶った。

❖　❖　❖　❖

楚の平王《へいおう》二年（前五二七年）の記事。「伍子胥列伝」を演劇に見立てると、全三幕の構成となります。ここが第一幕、名づけて「伍子胥苦難の場」の冒頭です。

息子の嫁を父親が奪う事件は、すでに衛《えい》の国でも起こっています。『史記』では「衛《えい》康叔世家《こうしゅくせいか》」に詳しく書かれていますのでここでは省略しますが、その事件の結果、衛の太子は殺され、さらには内乱が起こりました。このたびの楚での事件も、太子建《けん》はもと

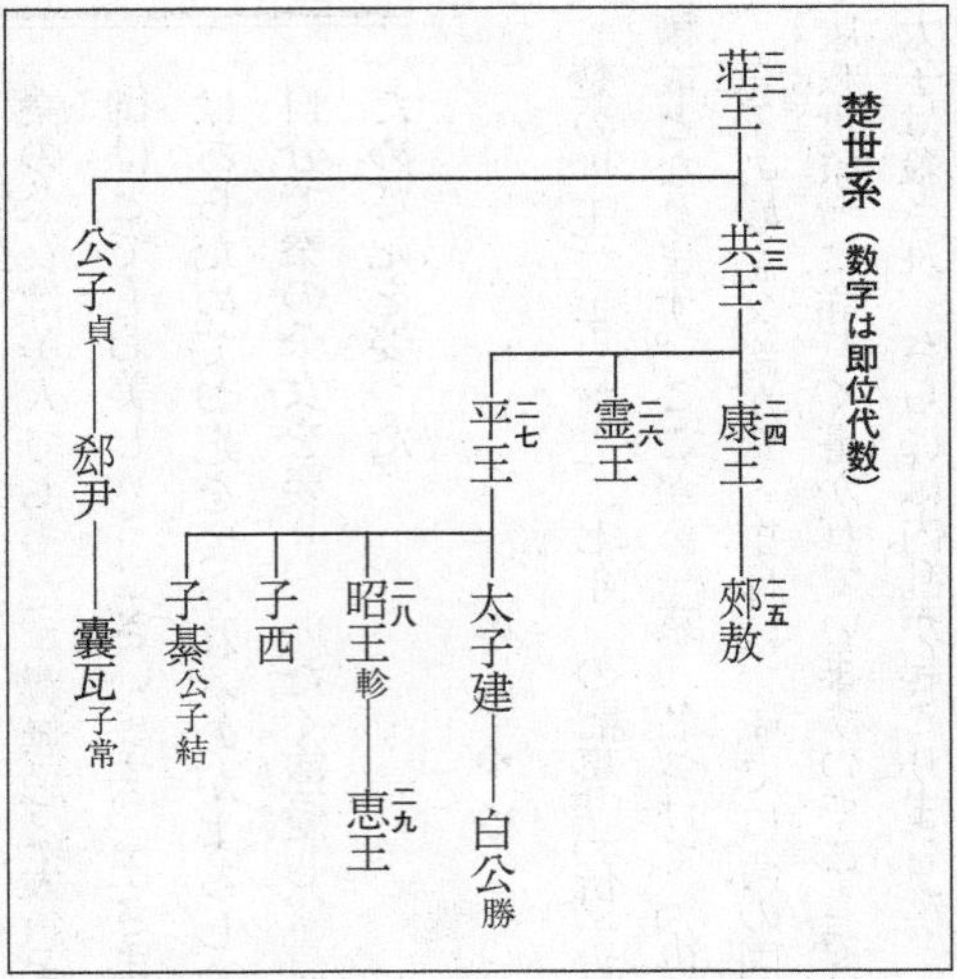

より、その太傅（東宮侍従長《とうぐうじじゅうちょう》）の伍奢《ごしゃ》をも危機に陥れることになるでしょう。紹介が遅れましたが、楚の平王は前五二八～前五一六年の在位。衛での事件は宣公《せんこう》（前七一八～前七〇〇年在位）の時ですから、二百年ほど前の出来事になります。

＊　＊　＊

太子建を裏切った費無忌《ひむき》は、そのまま平王の側近となり、早速に太子を中傷し始めました。平王も後ろめたいもので、太子を疎《うと》んじるようになって辺境に追放しましたが、費無忌はそれでも飽き足らずに太子謀反の噂を吹きこみました。

平王は伍奢を召喚《しょうかん》して噂を確かめようとしました。伍奢は費無忌の奸計《かんけい》を知っていたので、懸命に冤罪《えんざい》を訴えました。しかし、費無忌が横あいから、「王さま、今すぐ抑えておかれませんと、太子さまの謀反は成功いたしますぞ」と脅したため、平王は伍奢を投獄し、太子を殺せと使者に命じました。さいわい、使者に立った奮揚《ふんよう》がまともな人で、太子に「急いでお逃げください」と告げたので、太子は危機一髪で宋《そう》に亡命することができました。しかし、伍奢の命は風前の燈《ともしび》です。

(3)　父と兄の死

無忌《むき》　平王《へいおう》に言《い》いて曰《いわ》く、「伍奢《ごしや》　二子《にし》有《あ》り、皆賢《みなけん》なり。誅《ちゆう》せずんば、且《まさ》に楚《そ》の憂《うれ》いと為《な》らんとす。その父《ちち》を以《もつ》て質《ち》としてこれを召《め》す可《べ》し。然《しか》らずんば、且《まさ》に楚《そ》の患《わざわ》いと為《な》らんとす」と。王《おう》　使《つか》いをして伍奢《ごしや》に謂《い》わ使《し》めて曰《いわ》く、「能《よ》く汝《なんじ》の二子《にし》を致《いた》さば則《すなわ》ち生《い》きん。能《あた》わずんば則《すなわ》ち死《し》せん」と。伍奢曰《ごしやいわ》く、「尚《しよう》は人《ひと》と為《な》り仁《じん》、呼《よ》ばば必《かなら》ず来《き》たらん。員《うん》は人《ひと》と為《な》り剛戻忍詬《ごうれいにんこう》、能《よ》く大事《だいじ》を成《な》す。彼《かれ》　来《き》たるの并《あわ》せて禽《とりこ》にせられんことを見《み》ば、その勢《いきお》い必《かなら》ず来《き》たらざらん」と。王聴《おうき》かず、人《ひと》をして二子《にし》を召《め》さ使《し》めて曰《いわ》く、「来《き》たらば、吾《われ》汝《なんじ》の父《ちち》を生《い》かさん。来《き》たらずんば、今《いま》奢《しゃ》を殺《ころ》さん」と。

◆無忌言㆓於平王㆒曰、「伍奢有㆓二子㆒、皆賢。不㆑誅、且㆑為㆓楚憂㆒。可㆘以㆓其父㆒質而召㆖㆑之。不㆑然、且㆑為㆓楚患㆒」。王使㆔使謂㆓伍奢㆒曰、「能致㆓汝二子㆒則生。不㆑能則死」。伍奢曰、「尚為㆑人仁、呼必来。員為㆑人剛戻忍詬、能成㆓大事㆒。彼見㆓来之并禽㆒、其勢必不㆑来」。王不㆑聴、使㆔人召㆓二子㆒曰、「来、吾生㆓汝父㆒。不㆑来、今殺㆑奢也」。

費無忌《ひむき》は平王《へいおう》にいった、「伍奢《ごしゃ》には二人の息子がおりまして、どちらもすぐれた人物でございます。殺してしまわねば、わが国の悩みの種となるでしょう。やつらの父親を人質にして二人を呼び寄せなさるのがよろしゅうございます。さもなければ、わが国の禍《わざわ》いとなるでしょう」。平王は使者をつかわして伍奢に通告させた、「お前の二人の息子を呼び寄せることができれば、命は助けてやる。できねば殺すぞ」。伍奢はいった、「尚《しょう》は思いやりのある性格ですから、呼べば必ず参るでしょう。員《うん》は気が強くて恥辱に堪《た》えられる性格で、大きな仕事を成しとげられる人物です。あの子は、来ればいっしょに生け捕りにされるだろうと見て取れば、事の成りゆきからして絶対に参りますまい」。平王は耳をかさず、使者をつかわして二人の息子を呼び寄せた、「来れば、わしはお前たちの父親を助けてやる。来なければ、今すぐ伍奢を殺すぞ」。

伍尚往《ごしょうゆ》かんと欲《ほっ》す。員曰《うんいわ》く、「楚《そ》の我《わ》が兄弟《きょうだい》を召《め》すは、以《もっ》て我《わ》が父《ちち》を生《い》かさんと欲《ほっ》するには非《あら》ざるなり。脱《のが》るる者有《ものあ》りて後《のち》に患《わざわ》いを生《しょう》ぜんことを恐《おそ》れ、故《ゆえ》に父《ちち》を以《もっ》て質《ち》と為《な》し、詐《いつわ》りて二子《にし》を召《め》す。二子《にし》到《いた》らば則《すなわ》ち父子《ふし》倶《とも》に死《し》せん。何《なん》ぞ父《ちち》の死《し》に益《えき》あらん。往《ゆ》けども讎《あだ》をして報《むく》ゆるを得《え》ざら令《し》むるのみ。他国《たこく》に奔《はし》り力《ちから》を借《か》りて以《もっ》て父《ちち》の恥《はじ》を雪《すす》ぐに如《し》かず。倶《とも》に滅《ほろ》ぶは為《な》すこと無《な》きなり」と。伍尚曰《ごしょういわ》く、「我《われ》往《ゆ》けども終《つい》に父《ちち》の命《いのち》を全《まっと》うすること能《あた》わざるを知《し》れり。然《しか》れども父《ちち》我《われ》を召《め》して以《もっ》て生《せい》を求《もと》むるに往《ゆ》かず、後《のち》恥《はじ》を雪《すす》ぐこと能《あた》わず、終《つい》に天下《てんか》の笑《わら》いと為《な》るを恨《うら》むのみ」と。員《うん》に謂《い》う、「去《さ》る可《べ》し。汝《なんじ》能《よ》く父《ちち》を殺《ころ》さるるの讎《あだ》に報《むく》いん。我将《われまさ》に死《し》に帰《き》せんとす」と。

◆伍尚欲レ往。員曰、「楚之召二我兄弟一、非レ欲三以生二我父一也。恐下有二脱者一後生上患、故以レ父為レ質、詐召二二子一。二子到則父子倶死。何益二父之死一。往而令二讎不一レ得レ報耳。不レ如下奔二他国一借レ力以雪中父之恥上。倶滅無レ為也」。伍尚曰、「我知二往終不一レ能レ全二父命一。然恨三父召レ我以求レ生而不レ往、後不レ能レ雪レ恥、終為二天下笑一耳」。謂レ員、「可レ去矣。汝能報二殺レ父之讎一。我将レ帰レ死」。

伍尚《ごしょう》は行こうとした。伍員《ごうん》はいった、「楚がわれわれ兄弟を呼び寄せるのは、父上を助けてやろうとしているからではありません。亡命する者がいて、あとあと禍《わざわ》いが起こることを恐れ、それゆえ父上を人質にし、だましてわれわれを呼び寄せているのです。われわれが［都に］着けば、父子ともども殺されるでしょう。どうして父上をお救いできましょうか。行ったところで仇討《あだう》ちができなくなるだけのことです。他国に亡命し、力を借りて父上の屈辱を晴らす方がよろしゅうございます。いっしょに死ぬのは何にもなりません」。伍尚はいった、「わたしとて、行ったところで結局は父上の命をお助けできぬことはわかっている。しかし、父上がわれわれを呼び寄せて命乞《ご》いをなさっているのに行きもせず、後に屈辱を晴らすこともできず、結局は天下のもの笑いになるのが残念なのだ」。「伍尚は続けて」伍員にいった、「逃げろ。お前ならば父上を殺された仇《かたき》を討てるだろう。わたしは死ぬつもりだ」。

尚既《しようすで》に執《しつ》に就《つ》き、使者《ししや》伍胥《ごしよ》を捕《と》らえんとす。伍胥《ごしよ》弓《ゆみ》を貫《は》り矢《や》を執《と》りて使者《ししや》に嚮《む》かう。使者《ししや》敢《あ》えて進《すす》まず。伍胥遂《ごしよつい》に亡《に》ぐ。太子《たいし》建《けん》の宋《そう》に在《あ》るを聞《き》き、往《ゆ》きてこれに従《したが》う。奢《しや》子胥《ししよ》の亡《に》ぐるを聞《き》くや、曰《いわ》く、「楚国《そこく》の君臣《くんしん》、且《まさ》に兵《へい》に苦《くる》しまんとす」と。伍尚《ごしよう》楚《そ》に至《いた》り、楚《そ》并《あわ》せて奢《しや》と尚《しよう》とを殺《ころ》す。

◆尚既就レ執、使者捕二伍胥一。伍胥貫レ弓執レ矢嚮二使者一。使者不二敢進一。伍胥遂亡。聞二太子建之在レ宋、往従レ之。奢聞二子胥之亡一也、曰、「楚国君臣、且レ苦レ兵矣」。伍尚至レ楚、楚幷殺二奢与レ尚也。

伍尚《ごしょう》がすでに縄を受けたので、使者は伍子胥《ごししょ》を捕らえようとした。伍子胥は弓を引きしぼり、矢をつがえて使者に立ち向かった。使者は近寄ろうとはしなかった。伍子胥はこうして逃亡した。太子建《けん》が宋《そう》にいると聞き、［宋へ］行って太子に付き従った。伍奢《ごしゃ》は伍子胥が亡命したことを聞くと、「楚の国の君臣は、やがて戦火に苦しむことになるだろう」といった。伍尚が楚［の都］に到着すると、楚は伍奢と伍尚とをいっしょに殺した。

❖❖❖❖

楚《そ》の平王《へいおう》七年（前五二二年）の記事。佞臣《ねいしん》費無忌《ひむき》の奸計《かんけい》のため、父の伍奢《ごしゃ》と兄の伍尚《ごしょう》とが誅殺《ちゅうさつ》される場面です。

原文があまり長いと読みづらいでしょうから、ここでは三段落に分けました。通してご覧いただくと、会話文がずいぶん多いことにお気づきだと思います。司馬遷《しばせん》は、それぞれの発言を通じて登場人物の人柄を見事に描写しています。危機感をあおりながら平

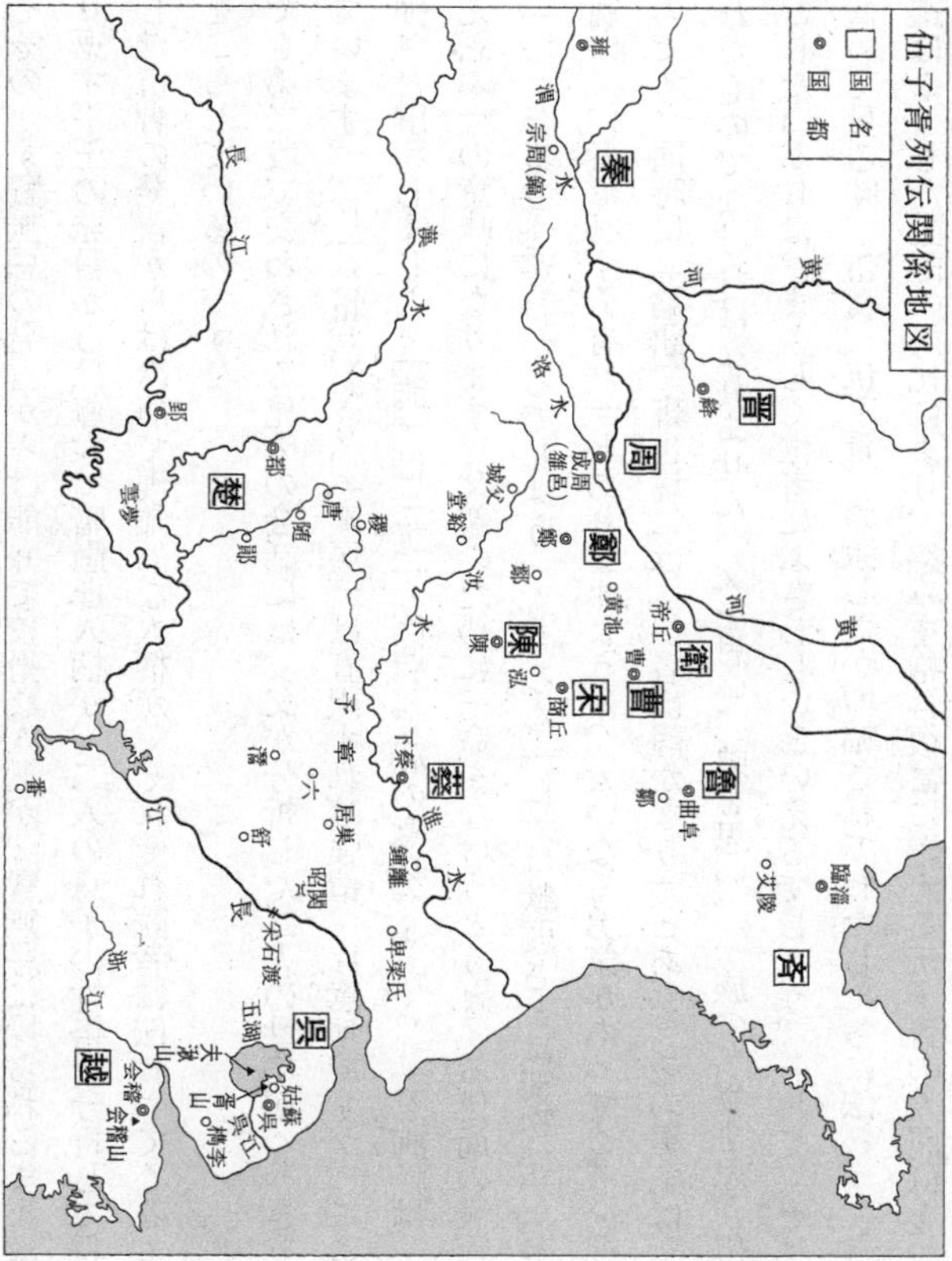
伍子胥列伝関係地図
国名
国都
秦
雍
渭水
宗周(鎬)
黄河
晋
絳
周
成周(雒邑)
洛水
鄭
衛
帝丘
曹
宋
商丘
陳
泓
黄池
魯
曲阜
斉
臨淄
艾陵
蔡
下蔡
淮水
鍾離
楚
郢
唐
随
漢水
長江
雲夢
汝水
城父
堂谿
六
舒
居巣
昭関
予章
采石渡
卑梁氏
呉
姑蘇
五湖
胥山
呉江
檇李
越
会稽
会稽山
浙江
番

王をそそのかす費無忌の発言からは能弁《のうべん》で狡猾《こうかつ》な人柄が、費無忌に操られるままに恫喝《どうかつ》を繰り返す平王の発言からは尊大《そんだい》で暗愚《あんぐ》な人柄が、二人の息子の性格を分析して将来を予見した伍奢の発言からは冷静で理知的な人柄が、それぞれ読者に伝わってくるように工夫をこらしているのです。

中でも第二段で交わされる兄弟の会話には、父が分析した二人の性格がくっきりと表われています。「仁《じん》」は思いやり、「剛戻《ごうれい》」は直訳すれば強情・片意地《かたいじ》ですが、ここでは気の強さと解釈しました。「訽《こう》」は「詬《こう》」と同じで恥の意味ですから、「忍訽《にんこう》」は「恥辱を堪《た》え忍ぶ」の意味になります。父親のために一命をなげうとうとする伍尚の発言から、彼の「仁」なる性格がわかるでしょう。もちろん「仁」は軟弱さとは別物で、『論語』憲問《けんもん》篇に「仁者《じんしゃ》は必《かなら》ず勇有《ゆうあ》り」とありますように、大いなる勇気があってこそ発揮できるものです。同時に『論語』雍也《ようや》篇には「仁者《じんしゃ》は静《しず》かなり」とあり、その勇気は奥に秘められたものでなければなりません。父を思い、弟を思い、一族の名誉を思う伍尚の淡々とした口ぶりは、まさしく仁者にふさわしいといえるでしょう。そして、それを一方に置いて見る時、伍員《ごうん》（伍子胥）の激しさが増幅されてわたしたちに伝わってきます。司馬遷はこうした動静の対比により、怨《うら》みを抱き復讐《ふくしゅう》に燃える伍子胥の人間像をわたしたちに印象づけようともしているのです。中国のある学者は司馬遷のこうした人物描写法を「対比手法」と呼び、『史記』に見える事例を列挙していますが、その筆頭に置かれたのは本段の描写なのです。

＊　＊　＊

伍子胥《ごししょ》は宋《そう》で太子建《けん》と合流しましたが、程なくして内乱のあおりを受けて西隣の鄭《てい》に移動せざるを得なくなりました。宋も鄭も、現在の河南省《かなん》にあった国です。鄭は彼らを手厚くもてなしてくれました。しかし、太子建は晋《しん》と結託して鄭を乗っ取ろうと企て、それが発覚して殺されてしまいました。こうなっては伍子胥も鄭におれません。太子の遺児の勝《しょう》を連れ、今度は東南の呉《ご》を目指して逃げてゆくことになります。「伍子胥列伝」では、以後の展開はこのように記述されています。

ところが『史記』十二諸侯年表《じゅうにしょこうねんぴょう》では、楚《そ》の平王《へいおう》七年（前五二二年）に「伍奢《ごしゃ》・尚《しょう》を誅《ちゅう》す。太子《たいし》建《けん》、宋《そう》に奔《はし》る。伍胥《ごしょ》、呉《ご》に奔《はし》る」とあり、鄭《てい》の定公《ていこう》十一年（前五一九年）には「楚《そ》の建《けん》、乱《らん》を作《な》し、これを殺《ころ》す」とあります。これらの記事によると、伍子胥は太子建と合流することなく直接に呉へ亡命したらしく、一方、太子建は宋をへて鄭に赴《おもむ》き、伍子胥がすでに呉に到着していた前五一九年に殺されたことになります。鄭から呉へ行くためには楚の領内を突っ切らねばなりませんから、地理的に考えて「十二諸侯年表」の記事の方が史実に近いようです。『史記』にはこのように、相互に記述の食い違う箇所がたくさんあります。おそらく司馬遷が『史記』編纂《へんさん》に用いた史料の段階で、すでに違いがあったのでしょう。今の場合も、現在では失われた伍子胥を主人公とする物語が司馬遷のころにはいくつか存在しており、彼はそれらを参考にしながら「伍子胥列伝」を書き進めたのではないかと思われます。次段で紹介する『呂氏春秋《りょししゅんじゅう》』異宝《いほう》篇に見える話などは、失われた伍子胥物語の断片であったかもしれません。

(4)　決死の逃避行

建《けん》に子《こ》有《あ》り、名《な》は勝《しょう》。伍胥《ごしょ》懼《おそ》れ、乃《すなわ》ち勝《しょう》と倶《とも》に呉《ご》に奔《はし》る。昭関《しょうかん》に到《いた》る。昭《しょう》関《かん》これを執《とら》えんと欲《ほっ》す。伍胥《ごしょ》遂《つい》に勝《しょう》と独身歩走《どくしんほそう》するも、幾《ほと》んど脱《のが》るるを得《え》ず。追《お》う者《もの》後《のち》に在《あ》り。江《こう》に至《いた》る。江上《こうじょう》に一漁父《いちぎょほ》の船《ふね》に乗《の》る有《あ》り。伍胥《ごしょ》の急《きゅう》を知《し》り、乃《すなわ》ち伍胥《ごしょ》を渡《わた》す。伍胥既《ごしょすで》に渡《わた》り、その剣《けん》を解《と》きて曰《いわ》く、「この剣《けん》は直百金《あたいひゃっきん》なり。以《もっ》て父《ほ》に与《あた》えん」と。父曰《ほいわ》く、「楚国《そこく》の法《ほう》、伍胥《ごしょ》を得《う》る者《もの》は、粟五万石《ぞくごまんせき》を賜《たま》い、爵《しゃく》は執珪《しっけい》なり。豈徒《あにた》だに百金《ひゃっきん》の剣《けん》のみならんや」と。受《う》けず。伍胥未《ごしょいま》だ呉《ご》に至《いた》らずして疾《や》み、中道《ちゅうどう》に止《とど》まりて食《しょく》を乞《こ》う。

◆建有レ子、名勝。伍胥懼、乃与レ勝倶奔レ呉。到二昭関一。昭関欲レ執レ之。伍胥遂与レ勝独身歩走、幾不レ得レ脱。追者在レ後。至レ江。江上有二一漁父乗一レ船。知二伍胥之急一、乃渡二伍胥一。伍胥既渡、解二其剣一曰、「此剣直百金。以与レ父」。父曰、「楚国之法、得二伍胥一者、賜二粟五万石一、爵執珪。豈徒百金剣邪」。不レ受。伍胥未レ至レ呉而疾、止二中道一乞レ食。

建《けん》には息子がおり、名を勝《しょう》という。伍子胥《ごししょ》は［太子建の犯した罪が自分にも及ぶことを］恐れ、そこで勝といっしょに呉《ご》に逃げた。昭関《しょうかん》まで来た。昭関［の役人］が彼らを捕らえようとした。伍子胥はそのため勝と二人だけで歩いて逃げたが、とても逃げきれそうにはなかった。追っ手が迫る。長江《ちょうこう》まで来た。長江のほとりに、船に乗った一人の漁師がいた。［漁師は］伍子胥の危急を知り、伍子胥を渡してやった。伍子胥は渡り終えると、自分の剣をはずしていった、「この剣には百金の価値がある。おやじどのに進ぜよう」。漁師は、「楚《そ》の国のお触れでは、伍子胥を捕らえた者には、五万石《ごまんせき》の穀物を賜わり、執珪《しつけい》の爵位を授けるとのことです。百金の剣どころではございません」といって受け取らなかった。伍子胥は呉に着かないうちに病気になり、途中に止《とど》まって物乞《ものご》いをした。

❖❖❖❖

まず、いくつかのことばに注釈を付けておきましょう。「歩走《ほそう》」の「走」は逃げるの意味。「直《ち》」は「値《ち》」と同じで、ここでは「チョク」ではなく「チ」と発音します。「粟《ぞく》」は脱穀していない穀物で、「五万石《ごまんせき》」は約九七〇キロリットル。「執珪《しつけい》」は「執圭《しつけい》」とも書き、楚《そ》の爵位の一つで侯爵《こうしゃく》に当たります。

さて、ここが第一幕のクライマックスです。「到昭関。昭関欲執之……幾不得脱。追者在後。至江」という短いセンテンスでのたたみかけるような表現が、緊迫感をいやが上にも盛りあげています。こうした危機や道中での疾病・飢餓は、伍子胥《ごししょ》をくじけさせるどころか、父と兄とを殺された怨みをいっそう深いものにさせたことでしょう。

漁師のおやじと出合った場面は、『史記』よりも早く、『呂氏春秋《りよししゆんじゆう》』異宝篇《いほう》に記されています。関係する箇所を要略して掲げておきましょう。ちなみに、『呂氏春秋』は秦《しん》の呂不韋《りよふい》が学者を総動員して編纂させた百科全書で、楠山春樹さんの『呂氏春秋』（全三冊、明治書院刊）はその全訳です。

伍子胥は長江《ちようこう》のほとりまでやって来た。渡ろうとした時、一人の老人が小舟に棹差《さお》して漁をしているのを見かけたので、頼んで渡してもらった。渡り終えると老人の名前をたずねたが、答えようとしない。そこで剣をはずして老人に与えようとし、「これは千金の価値のある剣じゃ。おやじどのに進呈しよう」といった。老人は受け取ろうとせず、「楚《そ》の国の法令では、伍子胥を捕らえた者には執圭《しつけい》の爵位と俸禄一万石《いちまんせき》（約一九四キロリットル）、黄金千鎰《せんいつ》（約三二〇キログラム）を賜るということです。以前にあなたが通りかかった時、わたくしは捕らえようともいたしませんでした。あなたの千金の剣など、いただいても何にもなりません」と答えた。伍子胥は呉《ご》に着くと長江のほとりへ人をやって老人を探させたが、見つけられなかった。そのため、食事のたびに老人を祭り、祝詞《のりと》を唱えた。

細かいところでは異なっていますが、「伍子胥列伝」の記述とほとんど同じであることがおわかりでしょう。この部分の前には、楚を出奔した伍子胥が鄭《てい》や許《きよ》（現在の河南《かなん》省）を訪れ、許から呉に向かったとする記事も出ています。ですから『呂氏春秋』のこの話は、司馬遷《しばせん》が「伍子胥列伝」を書く時に参考にした伍子胥物語の一つであった可能性が高いと思うのです。しかし一方で、『呂氏春秋』からは追っ手の迫る緊迫感は感じられません。「伍子胥列伝」のたたみかけるような表現は、文章化された物語よりはむしろ講釈師《こうしやくし》の名調子に近いようです。戦国時代のころから、人の集まる市場などで語り物の演芸が盛んに催された事実はよく知られており、『史記』にもその影響が認められることは後述します（二三〇ページ）。「伍子胥列伝」でいえば、司馬遷は『春秋左氏伝《しゆんじゆうさしでん》』や『国語《こくご》』（春秋時代の諸国史）などの歴史書を史料の中心としながらも、いくつかの伍子胥物語や語り物をも参考にしてそれを執筆したのではないでしょうか。

★「伍子胥変文《ごししよへんぶん》」

中唐《ちゆうとう》のころ（八、九世紀）から、仏教の教理を絵解《えと》きで語ることが流行しました。やがてそれは仏教以外のジャンルにも広がり、文字で記録されるようにもなってゆきました。こうして記録されたものを総称して「変文《へんぶん》」といいます。「変文」は卑俗なものとして歴史の中に埋もれ、大半が失われました。しかし、二十世紀の初頭に敦煌《とんこう》の石窟《せっくつ》寺院の遺蹟《いせき》から大量の文書が発見され、そこに多数の「変文」が含まれていることがわかりました。その一つに伍子胥を主人公とする作品があり、今ではそれを「伍子胥変文」と呼んでいます。

残念ながら「伍子胥変文」は後半部分が欠けており、途中にもいくつかの脱落があります。しかし、残された部分だけでもかなり長く、その半分以上が呉《ご》への逃避行の場面で占められています。そこでは、洗濯女から食べ物を恵んでもらった話や、たまたま訪れた二軒の屋敷がそれぞれ伍子胥の姉の家と妻の家だったと

「伍子胥変文」（部分）
宝剣を江中に投げこむ場面

いう話などが続き、最後に漁師に川を渡してもらう場面が語られています。その場面を簡単に紹介しておきましょう。

呉江《ごこう》までたどり着いた伍子胥は、剣を撫《な》でながら悲歌を歌い、葦《あし》のしげみに身を隠していた。すると漁師が目に入ったので、対岸に渡してもらった。伍子胥は漁師に璧玉《へきぎょく》と宝剣《ほうけん》とを贈ろうとしたが、漁師は、平王からの恩賞でさえ欲しいと思わなかったのだから、璧玉と宝剣など欲しくはないと謝絶した。伍子胥が宝剣を江中に投げこむと、宝剣は不思議な光を放って三度も浮き沈みし、それを恐れた江水《こうすい》の神は宝剣を捧《ささ》げ持って伍子胥に返した。別れ際、漁師は伍子胥に呉王と面会できる秘策を授けた。伍子胥は礼を述べて立ち去り、ふと振り返ると、漁師は舟を転覆させて江水に沈んでゆくところであった。伍子胥は漁師を悼《いた》む悲歌を歌い、呉の都をめざした。

偶然に訪れたのが姉の家と妻の家だったなど、「伍子胥変文」には俗文学ならではの荒唐無稽《こうとうむけい》な箇所が多いのですが、個々の場面には古くからの伝承が生かされているようです。特に、江水に宝剣を投げこむ場面には神話としてのおもしろさがあります。総じていえば、「伍子胥変文」は歴史と文学、さらには芸能と神話などがクロスオーバーするところに成立した興味深い作品なのです。そして、それを見事に分析した論文に金文京さんの「伍子胥列伝と伍子胥変文」があります。これは本書のもととなった拙著『鑑賞中国の古典　史記・漢書』のために金さんが書き下ろしてくださったものですから、拙著はさて置いてもこの論文だけは是非ご一読いただきたいと思います。また、「伍子胥変文」には入矢義高さんの詳細な訳注があり、こちらは『中国古典文学大系　仏教文学集』(平凡社刊)に収められています。

(5)　呉という国

呉《ご》に至《いた》る。呉王僚《ごおうりょう》　方《まさ》に事《こと》を用《もち》い、公子光《こうしこう》　将為《しょうた》り。伍胥《ごしょ》乃《すなわ》ち公子光《こうしこう》に因《よ》りて以《もっ》て呉王《ごおう》に見《まみ》えんことを求《もと》む。これを久《ひさ》しうして、楚《そ》の平王《へいおう》　その辺邑《へんゆう》の鍾離《しょうり》と呉《ご》の辺邑《へんゆう》の卑梁氏《ひりょうし》と倶《とも》に蚕《さん》し、両女子《りょうじょし》　桑《くわ》を争《あらそ》いて相攻《あいせ》むるを以《もっ》て、乃《すなわ》ち大《おお》いに怒《いか》り、両国《りょうこく》　兵《へい》を挙《あ》げて相伐《あいう》つに至《いた》る。呉《ご》　公子光《こうしこう》をして楚《そ》を伐《う》た使《し》め、その鍾離《しょうり》・居巣《きょそう》を抜《ぬ》きて帰《かえ》る。

◆至二於呉一。呉王僚方用レ事、公子光為レ将。伍胥乃因二公子光一以求レ見二呉王一。久レ之、楚平王以下其辺邑鍾離与二呉辺邑卑梁氏一倶蚕、両女子争レ桑相攻上、乃大怒、至二於両国挙レ兵相伐一。呉使二公子光伐一レ楚、抜二其鍾離・居巣一而帰。

〔伍子胥らは〕呉《ご》に着いた。当時、呉王僚《ごおうりょう》が政権を握っており、公子光《こうしこう》が将軍だった。伍子胥はそこで公子光を介して呉王への会見を求めた。こうしてかなりたったころのこと、楚《そ》の国境の邑《むら》の鍾離《しょうり》と呉の国境の邑の卑梁氏《ひりょうし》とは、どちらも養蚕を営んでいたのだが、双方の娘たちが桑を取り合いして争ったことで、楚の平《へい》王《おう》は激怒し、両国が軍隊を出して攻撃し合うまでになった。呉は公子光をつかわして楚を攻撃させ、楚の鍾離と居巣《きょそう》を攻め落として引き上げた。

❖ ❖ ❖ ❖

苦しい逃避行の末、伍子胥はようやく呉にたどり着きました。ここを根拠地に、いよいよ伍子胥の復讐《ふくしゅう》が始まります。これよりドラマは第二幕、「伍子胥活躍の場」に入ったのです。

呉は現在の江蘇《こうそ》省に位置した国で、都は蘇州《そしゅう》付近にありました。その歴史は『史記』

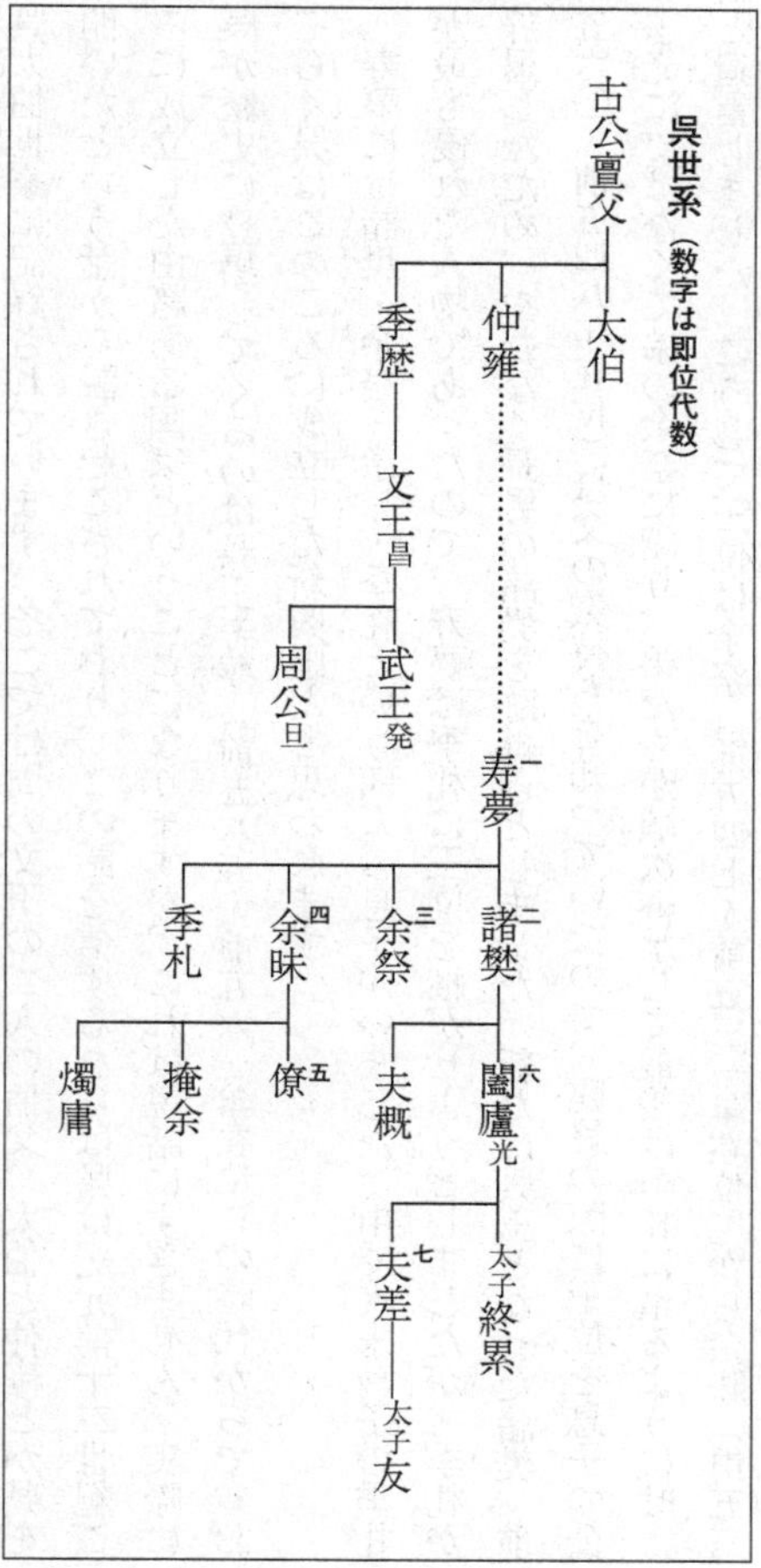

呉太伯世家《ごたいはくせいか》に記録されています。そこでは周《しゅう》の文王《ぶんおう》の二人の伯父《おじ》、太伯《たいはく》と仲雍《ちゅうよう》とが呉を開いたという話から説き起こされており、この話を信ずるならば呉は紀元前十二世紀ごろに成立した由緒ある国家ということになりますが、これは説話にすぎません。実際に呉が歴史に登場してくるのは呉王寿夢《じゆぼう》（前五八五～前五六一年在位）の時代からで、おそらく呉はこのころに成立した新興国だと思われます。

寿夢には諸樊《しょはん》・余祭《よさい》・余昧《よまい》・季札《きさつ》という四人の息子がいました。中でも末っ子の季札が最も優れた人物であったので、寿夢は季札に王位を継がせようとしましたが、季札が辞退したため、やむなく長男の諸樊を跡継ぎとしました。新たに呉王となった諸樊（前五六〇～前五四八年在位）は父の気持ちを知っていたので、臨終の際に王位を息子の公《こう》子光《しこう》にではなくて弟の余祭に譲り、弟たちが順次継承して最後は季札に至るようにせよと遺言しました。こうして王位は余祭（前五四七～前五三一年在位）から余昧（前五三〇～前五二七年在位）へと伝えられましたが、余昧が亡くなった時にも季札はかたくなに辞退し続けました。そのため、呉の重臣たちは余昧の長男を次の王に推戴《すいたい》しました。これが本文にある呉王僚《りょう》（前五二六～前五一五年在位）です。こうなるとおもしろくないのは公子光で、季札が王位を継がないのであれば、寿夢の嫡孫《ちゃくそん》である自分が継ぐのが道理だと考えて呉王僚を怨《うら》んでいました。伍子胥がやってきた時の呉は、このような情況であったわけです。それぞれに怨みを抱いていた伍子胥と公子光とが知り合ったことで、それまで比較的平穏であった江南の地域に、にわかに風雲が巻き起こることとなるのです。

(6)　呉王暗殺

伍子胥《ごししょ》　呉王僚《ごおうりょう》に説《と》きて曰《いわ》く、「楚《そ》　破《やぶ》る可《べ》きなり。願《ねが》わくは復《ま》た公子光《こうしこう》を遣《つか》わされよ」と。公子光《こうしこう》　呉王《ごおう》に謂《い》いて曰《いわ》く、「彼《か》の伍胥《ごしょ》は、父兄《ふけい》　楚《そ》に戮《りく》せ為《ら》る。王《おう》に勧《すす》めて楚《そ》を伐《う》たしむるは、以《もっ》て自《みずか》らその讎《あだ》に報《むく》いんと欲《ほっ》するのみ。楚《そ》を伐《う》つも、未《いま》だ破《やぶ》る可《べ》からざるなり」と。伍胥《ごしょ》　公子光《こうしこう》に内志《ないし》有《あ》り、王《おう》を殺《ころ》して自《みずか》ら立《た》たんと欲《ほっ》す、未《いま》だ説《と》くに外事《がいじ》を以《もっ》てす可《べ》からずと知《し》り、乃《すなわ》ち専諸《せんしょ》を公子光《こうしこう》に進《すす》め、退《しりぞ》きて太子建《たいしけん》の子《こ》の勝《しょう》と野《や》に耕《たがや》す。

◆伍子胥説二呉王僚一曰、「楚可レ破也。願復遣二公子光一」。公子光謂二呉王一曰、「彼伍胥、父兄為レ戮二於楚一。而勧レ王伐レ楚者、欲三以自報二其讎一耳。伐レ楚、未レ可レ破也」。伍胥知下公子光有二内志一、欲二殺レ王而自立一、未上可三説以二外事一、乃進二専諸於公子光一、退而与二太子建之子勝一耕二於野一。

伍子胥《ごししょ》は呉王僚《ごおうりょう》に進言した、「楚《そ》はうち破ることができます。どうかもう一度公子光《こうしこう》さまをおつかわしください」。公子光は呉王にいった、「あの伍子胥めは、父と兄とを楚に殺されております。王さまに楚を攻撃なさるよう勧めますわけは、それで自分が父と兄との仇《かたき》を討ちたいからに他なりません。楚を攻撃しても、まだうち破ることはできません」。伍子胥は、公子光には内政への野心がある、王を殺して自分で王位に即《つ》きたいのだ、「だから」いまのところは対外的なことを進言してもだめだと悟り、そこで専諸《せんしょ》を公子光に推挙し、「自分は」身を引いて太子建《けん》の息子の勝《しょう》と郊外で農業をして「時機を待って」いた。

五年《ごねん》にして楚《そ》の平王卒《へいおうしゅつ》す。初《はじ》め平王《へいおう》の太子建《たいしけん》より奪《うば》う所《ところ》の秦《しん》の女《むすめ》、子《こ》の軫《しん》を生《う》む。平王《へいおう》の卒《しゅつ》するに及《およ》び、軫竟《しんつい》に立《た》ちて後《のち》と為《な》る。これを昭王《しょうおう》と為《な》す。呉王僚《ごおうりょう》　楚《そ》の喪《そう》に因《よ》り、二公子《にこうし》をして兵《へい》を将《ひき》い往《ゆ》きて楚《そ》を襲《おそ》わ使《し》む。楚　兵《へい》を発《はっ》し、呉兵《ごへい》の後《のち》を絶《た》ち、帰《かえ》るを得《え》ず。呉国《ごこく》　内空《うちむな》し。公子光《こうしこう》乃《すなわ》ち専諸《せんしょ》をして襲《おそ》いて呉王僚《ごおうりょう》を刺《さ》さ令《し》めて自《みずか》ら立《た》つ。これを呉王闔廬《ごおうこうりょ》と為《な》す。

◆五年而楚平王卒。初平王所レ奪二太子建一秦女、生二子軫一。及二平王卒一、軫竟立為レ後。是為二昭王一。呉王僚因二楚喪一、使三二公子将レ兵往襲二レ楚。楚発レ兵、絶二呉兵之後一、不レ得レ帰。呉国内空。而公子光乃令三専諸襲二刺呉王僚一而自立。是為二呉王闔廬一。

五年たち、楚《そ》の平王《へいおう》が亡くなった。以前、平王が太子建《けん》から横取りした秦《しん》の公《こう》女《じょ》は、息子の軫《しん》を生んでいた。平王が亡くなると、軫が結局即位して跡継ぎとなった。これが［楚の］昭王《しょうおう》である。呉王僚《ごおうりょう》は楚が喪《も》に服しているのにつけこんで、二人の公子《こうし》に命じ、軍隊を率いて楚を攻撃させた。楚でも軍隊をくり出して呉軍の退路を絶ったので、［二人の公子らは］帰れなくなった。呉の国は空っぽになった。公子《こうし》光《こう》はそこで専諸《せんしょ》に命じて呉王僚を襲って刺し殺させ、自分で即位した。これが呉王闔廬《こうりょ》である。

❖❖❖❖

ここで中間のまとめとして、これまでの出来事を年表風に整理しておきましょう。資料としたのは『史記』十二諸侯年表《じゅうにしょこうねんぴょう》、呉太伯世家《ごたいはくせいか》、楚世家《そせいか》などです。

前五二七年　楚《そ》の平王《へいおう》、太子建《けん》の妃《きさき》を奪う。
前五二二年　伍奢《ごしゃ》・伍尚《ごしょう》、殺さる。伍子胥《ごししょ》、逃亡して呉《ご》に入る。
前五一九年　楚の太子建、鄭《てい》にて殺さる。
前五一八年　楚の鍾離《しょうり》と呉の卑梁氏《ひりょうし》との紛争。呉の公子《こうし》光《こう》、楚を伐《う》つ。
前五一六年　楚の平王、没す。昭王《しょうおう》、即位す。
前五一五年　呉の二公子、楚を伐つ。専諸《せんしょ》、呉王僚《りょう》を暗殺。闔廬《こうりょ》、即位す。
ご覧いただけばわかりますように、楚の平王が亡くなったのは鍾離と卑梁氏との紛争から足かけ三年後のことです。そのため、清《しん》の梁玉縄《りょうぎょくじょう》『史記志疑《しきしぎ》』（『史記』の疑わしい記事を考証した書物）は、「五年而楚平王卒」の「五年」は「三年」の誤りだといっています。ひとまず原文のままで訳しておきましたが、お読みになる時にはご注意ください。また、楚への攻撃に派遣された二人の公子とは掩余《えんよ》と燭庸《しょくよう》という人で、ともに呉王僚の弟でした。彼らは王の側近であるとともに、跡継ぎの最有力候補者でもありました。この二人が不在の隙に、公子光は呉王僚を暗殺して王位を奪ったわけです。

呉王僚暗殺の実行犯、専諸《せんしょ》のことは『史記』刺客列伝《しかくれつでん》に記録されています。「刺客列伝」とは文字どおり殺し屋たちの伝記で、登場する殺し屋は曹沫《そうかい》・専諸・予譲《よじょう》・聶政《じょうせい》・荊軻《けいか》の五人です。それによると、伍子胥が専諸と知り合ったのは、呉に到着して間もなくのことであったようです。すぐに専諸の才能を見抜き、同時に公子光の野心も見抜いた伍子胥は、専諸を公子光に推挙しました。やがて、公子光が王位継承の道理を説いて王の暗殺計画をもちかけると、専諸は次のようにいい放ちました。「呉王僚は殺せるさ。やつの母は老いぼれ、子は幼く、弟たちは楚を攻めたままで帰れずにいる。今、呉は、外では楚に苦しめられ、内は空っぽでしっかりした家来はおらぬ。おれたちをどうしようもあるものか」。公子光は最敬礼し、「わたしたちは一心同体です」と答えました。

そしていよいよ暗殺実行の日、公子光は自分の屋敷で酒宴を催したいといって王を招きました。王は大勢の護衛兵を引き連れてやってきました。酒宴たけなわのころ、公子光は足が痛むふりをして退席し、専諸に命じて匕首《あいくち》を焼き魚の腹の中にしのばせ、その魚を捧《ささ》げて王にたてまつらせました。王の前に進み出た専諸は、魚を裂くや匕首で王を刺しました。すぐさま護衛兵たちが専諸を刺し殺しましたが、暗殺はすでに成功していたのです。

(7) 二人の佞臣《ねいしん》

闔廬既《こうりよすで》に立《た》ちて志《こころざし》を得《え》、乃《すなわ》ち伍員《ごうん》を召《め》して以《もっ》て行人《こうじん》と為《な》し、与《とも》に国事《こくじ》を謀《はか》る。楚《そ》その大臣《だいじん》の郤宛《げきえん》・伯州犂《はくしゅうり》を誅《ちゅう》す。伯州犂《はくしゅうり》の孫《まご》の伯嚭《はくひ》、亡《に》げて呉《ご》に奔《はし》る。呉《ご》亦嚭《またひ》を以《もっ》て大夫《たいふ》と為《な》す。前《さき》に王僚《おうりよう》の遣《つか》わす所《ところ》の二公子《にこうし》の兵《へい》を将《ひき》いて楚《そ》を伐《う》ちし者《もの》、道絶《みちた》えて帰《かえ》るを得《え》ず。後闔廬《のちこうりよ》王僚《おうりよう》を弑《しい》して自《みずか》ら立《た》つを聞《き》き、遂《つい》にその兵《へい》を以《ひき》いて楚《そ》に降《くだ》る。楚《そ》これを舒《じよ》に封《ほう》ず。

◆闔廬既立得レ志、乃召二伍員一以為二行人一、而与謀二国事一。楚誅二其大臣郤宛・伯州犂一。伯州犂之孫伯嚭、亡奔レ呉。呉亦以レ嚭為二大夫一。前王僚所レ遣二公子将レ兵伐レ楚者、道絶不レ得レ帰。後聞下闔廬弑二王僚一自立上、遂以二其兵一降レ楚。楚封二之於舒一。

闔廬《こうりよ》は王位に即《つ》いて野望を遂げたものだから、伍員《ごうん》を召し出して行人《こうじん》とし、国政を相談した。楚《そ》では自国の大臣の郤宛《げきえん》と伯州犂《はくしゆうり》とを誅殺《ちゆうさつ》した。伯州犂の孫の伯《はく》嚭《ひ》は、呉《ご》に亡命した。呉は伯嚭も大夫《たいふ》とした。以前、呉王僚《りよう》が派遣した二人の公子、軍隊を率いて楚を攻撃したあの者たちは、退路を絶たれて帰国できないでいた。その後、［彼らは］闔廬が呉王僚を暗殺して自分で即位したと聞き、それで手勢を率いて楚に降伏してしまった。楚は彼らを舒《じよ》の領主にした。

❖❖❖❖

呉王闔廬《ごおうこうりよ》の元年（前五一四年）の記事。これまでは公子《こうし》光《こう》の客分にすぎなかった伍子《ごし》胥《しよ》は、ここでようやく正式の官僚に任命されます。「行人《こうじん》」とは外交官で、周辺諸国の情勢を身をもって知っていた伍子胥には適職であったでしょう。なお、「闔廬」は「闔《こう》閭《りょ》」とも書きますが、本書では「闔廬」で統一しました。

本段に記された郤宛《げきえん》・伯州犂《はくしゅうり》誅殺のことについては、いささかの説明が必要です。『春秋左氏伝《しゅんじゅうさしでん》』によれば、郤宛が誅殺されたのは前五一五年で、伯州犂が誅殺されたのはそれより四半世紀以上もさかのぼる前五四一年でした。そのため、先にも引いた梁玉縄《りょうぎょくじょう》の『史記志疑《しきしぎ》』は、「楚誅其大臣郤宛・伯州犂」の「伯州犂」は衍字《えんじ》（誤って紛れこんだ余計な文字）だといっています。郤宛は楚の重臣で、呉の二人の公子の退路を絶つことに成功した人物です。しかし、その功績を妬《ねた》む者がおり、そのため郤宛は一族皆殺しにされたのでした。また、郤宛は以前から伯州犂の一族と仲がよかったので、累《るい》の及ぶことを恐れた伯嚭は呉に亡命したというのが当時の情況であったようです。

ところで、この一段だけをご覧になると、何気ない挿話のように思われるかもしれません。しかし、ここには重大なことがらが二つ潜んでいるのです。一つは伯嚭という人物で、この者こそがやがて伍子胥を中傷して死に追いやることになるキーパーソンなのです。そしてもう一つは、郤宛の功績を妬んだ者とは他ならぬあの費無忌《ひむき》であったことです。『春秋左氏伝』では費無極《ひむきょく》と表記されていますが、彼が郤宛を楚の令尹《れいいん》（総理大臣）であった嚢瓦《のうが》に中傷し、それを真《ま》に受けた嚢瓦は郤宛を殺したのでした。ところが、人望のあった郤宛を殺したことで、嚢瓦は楚の人々から非難されました。その非難をかわすため、嚢瓦は罪を費無忌だけに負わせて彼を殺してしまいました。つまり、この一段には、かつて父と兄とを陥れた佞臣《ねいしん》費無忌の退場と、それに代わってやがて伍子胥を陥れる佞臣伯嚭の登場という、伍子胥にとってはこの上なく重大な二つのことがらが潜んでいるのです。

(8)　呉の孫子

闔廬《こうりよ》立《た》ちて三年《さんねん》、乃《すなわ》ち師《し》を興《おこ》し、伍胥《ごしょ》・伯嚭《はくひ》と与《とも》に楚《そ》を伐《う》ち、舒《じょ》を抜《ぬ》き、遂《つい》に故《もと》の呉《ご》の反《そむ》きし二将軍《にしょうぐん》を禽《とりこ》にし、因《よ》りて郢《えい》に至《いた》らんと欲《ほっ》す。将軍《しょうぐん》の孫武《そんぶ》曰《いわ》く、「民労《たみつか》る。未《いま》だ可《か》ならず。且《しば》らくこれを待《ま》て」と。乃《すなわ》ち帰《かえ》る。

◆闔廬立三年、乃興レ師、与二伍胥・伯嚭一伐レ楚、抜レ舒、遂禽二故呉反二将軍一、因欲レ至レ郢。将軍孫武曰、「民労。未レ可。且待レ之」。乃帰。

闔廬《こうりょ》が即位して三年、ようやく軍を興し、伍子胥《ごししょ》・伯嚭《はくひ》とともに楚《そ》を攻撃して舒《じょ》を攻め落とし、こうして以前に呉を裏切った二人の将軍を生け捕りにし、余勢を駆《か》って［楚の都の］郢《えい》に迫ろうとした。将軍の孫武《そんぶ》がいった、「民衆は疲弊しております。［都攻めは］まだだめです。もうしばらくお待ちください」。そこで［呉軍は］引き返した。

❖❖❖❖

呉《ご》王闔廬《おうこうりょ》の三年（前五一二年）の記事。前五二二年に伍子胥《ごししょ》が呉へ亡命して以来、呉と楚《そ》の間では数次の小競り合いはあったものの、大規模な衝突には至りませんでした。それが十年して、ついに呉は楚への本格的な遠征に乗り出したのです。「乃」（すなわち）という助字が、この時の伍子胥の心境をよく表わしています。

本段に登場する孫武《そんぶ》は、のちに孫子《そんし》と呼ばれる兵法家です。ご存じの方も多いかと思いますが、孫子と呼ばれる兵法家にはもう一人、斉《せい》の孫臏《そんぴん》という者がおり、こちらは戦国時代中期の人で、前三四一年の馬陵《ばりょう》の戦いで魏《ぎ》軍を潰滅《かいめつ》させる大手柄を立てました。両者を区別して、孫武を「呉の孫子」、孫臏を「斉の孫子」と呼ぶこともあります。また、彼らの伝記は『史記』孫子《そんし》・呉起《ごき》列伝《れつでん》に収められています。

現存する『孫子』十三篇が、孫武の兵法を伝えたものか、孫臏の兵法を伝えたものか、あるいは両者の兵法を総合したものかについては、長年にわたって論争がありましたが、一九七二年に山東《さんとう》省臨沂《りんぎ》市の銀雀山《ぎんじやくざん》にあった前漢《ぜんかん》時代の古墓から発掘された竹簡《ちっかん》（紙が発明される以前に記録に用いられた竹の札《ふだ》）の解読作業の結果、『孫子』十三篇は孫武の兵法を伝えたものであることが判明しました。銀雀山の竹簡発掘の経緯をドキュメンタリー風に伝えているものに、岳南（加藤優子訳）『孫子兵法発掘物語』（岩波書店刊）があります。

★「呉越同舟《ごえつどうしゅう》」

「呉越同舟」は『孫子』九地《きゅうち》篇の一節に由来する故事成語です。さいわい、本シリーズに湯浅邦弘さんがお書きになった『孫子・三十六計』に当該箇所が取り上げられていますので、その訳文を借りて紹介しておきましょう。

うまく軍隊を運用する者のありさまは、たとえば「率然《そつぜん》」のようなものだ。率然とは常山《じょうざん》にすむ蛇の名である。その首を撃とうとすると、ただちに尾がそりかえって助けに来る。その尾を撃とうとすると首がかみついてくる。体のまん中あたりを撃とうとすると首と尾の両方が襲ってくる。つつしんでうかがおう。軍隊も率然のようにすることはできるのか。孫武の答え。できます。そもそも呉の国の人とその隣国の越《えつ》の人とは互いに憎み合う間柄ですが、それでも、同じ舟に乗って河《かわ》を渡る際、強風にあって舟が転覆しそうなときは、日頃の憎しみを忘れてお互いに助け合うさまは、まるで左右の手のようです。

このように「呉越同舟」とは、本来は「仲の悪い者どうしが一緒になって、共通の危難に立ち向かうこと」をいう成語でした。それが現在では、後半部分が忘れられ、「仲の悪い者どうしが一緒にいること」の意味で使われているのです。

(9) ついに郢《えい》へ

九年《くねん》、呉王闔廬《ごおうこうりよ》子胥《ししよ》・孫武《そんぶ》に謂《い》いて曰《いわ》く、「始《はじ》め子《し》郢《えい》は未《いま》だ入《い》る可《べ》からずと言《い》う。今《いま》果《は》たして何如《いかん》」と。二子《にし》対《こた》えて曰《いわ》く、「楚将嚢瓦《そしようのうが》は貪《たん》にして、唐《とう》・蔡《さい》皆《みな》これを怨《うら》む。王《おう》必《かなら》ず大《おお》いにこれを伐《う》たんと欲《ほっ》すれば、必《かなら》ず先《ま》ず唐《とう》・蔡《さい》を得《え》て乃《すなわ》ち可《か》なり」と。闔廬《こうりよ》これを聴《き》き、悉《ことごと》く師《し》を興《おこ》し、唐《とう》・蔡《さい》と与《とも》に楚《そ》を伐《う》ち、楚《そ》と漢水《かんすい》を夾《はさ》みて陳《じん》す。呉王《ごおう》の弟《おとうと》の夫概《ふがい》兵《へい》を将《ひき》いて従《したが》わんことを請《こ》う。王《おう》聴《き》かず。遂《つい》にその属《ぞく》五千人《ごせんにん》を以《ひき》いて楚将子常《そしようしじよう》を撃《う》つ。子常《しじよう》敗《はい》走《そう》して鄭《てい》に奔《はし》る。ここに於《お》いて呉《ご》勝《か》ちに乗《じよう》じて前《すす》み、五戦《ごせん》して遂《つい》に郢《えい》に至《いた》る。己卯《きぼう》、楚《そ》の昭王出奔《しようおうしゆつぽん》す。庚辰《こうしん》、呉王《ごおう》郢《えい》に入《い》る。

◆九年、呉王闔廬謂二子胥・孫武一曰、「始子言二郢未一レ可レ入。今果何如」。二子対曰、「楚将嚢瓦貪、而唐・蔡皆怨レ之。王必欲二大伐一レ之、必先得二唐・蔡一乃

可」。闔廬聴レ之、悉興レ師、与二唐・蔡一伐レ楚、与レ楚夾二漢水一而陳。呉王之弟夫概将レ兵請レ従。王不レ聴。遂以二其属五千人一撃二楚将子常一。子常敗走奔レ鄭。於レ是呉乗レ勝而前、五戦遂至レ郢。己卯、楚昭王出奔。庚辰、呉王入レ郢。

［闔廬《こうりょ》の］九年、呉王闔廬は伍子胥《ごししょ》と孫武《そんぶ》にいった、「以前、そなたらは、郢《えい》にはまだ攻め入ってはならぬと申したな。今ではいったいどうじゃ」。二人は答えた、「楚《そ》の将軍の嚢瓦《のうが》は貪欲《どんよく》で、唐《とう》と蔡《さい》はともに彼を怨《うら》んでおります。王さまがどうしても楚に大攻勢をかけたいとお思いでしたら、まず唐と蔡とを味方につけてこそ、はじめて可能となりましょう」。闔廬はこの意見を聴きいれ、軍隊を総動員して、唐・蔡とともに楚を攻撃し、漢水《かんすい》をはさんで楚と対陣した。呉王の弟の夫概《ふがい》も軍隊を率いて参戦したいと願ったが、呉王は許さなかった。そこで［夫概は］自分の手勢五千人を率いて楚の将軍の子常《しじょう》を襲撃した。子常は敗走して鄭《てい》に亡命した。これをしおに呉は勝勢を駆《か》って進軍し、五度の合戦の後、とうとう郢までやってきた。［十一月］己卯《きぼう》（二十七日）、楚の昭王《しょうおう》は都落ちした。庚《こう》

―辰《しん》（二十八日）、呉王は郢に入城した。

❖❖❖❖

呉《ご》王《おう》闔廬《こうりょ》の九年（前五〇六年）の記事。とうとう呉は楚《そ》に大攻勢をかけ、楚の都の郢《えい》（現在の湖北《こほく》省荊州《けいしゅう》市沙市《さし》区）を陥落させました。従軍していた伍子胥《ごししょ》にとっては、出奔《しゅっぽん》以来、十六年目の帰郷ということになります。

本段に出てくる「唐《とう》・蔡《さい》の怨み」とは、両国の君主が楚に入朝したおり、嚢瓦《のうが》に贈り物をしなかったために三年間も抑留されたことに由来するもので、ことは『春秋左氏伝《しゅんじゅうさしでん》』定公《ていこう》三年（前五〇七年）に見えます。嚢瓦は費無忌《ひむき》を殺した人として六二ページで紹介しました。「子常《しじょう》」は彼の字《あざな》です。『史記』に限らず、中国の歴史書では、同一人物を名と字、あるいは官職などで呼び分けることが多くあり、伍子胥も時には伍員《ごうん》、時には伍胥《ごしょ》と呼ばれていますが、何らかの違いを意識してそのような呼び分けをしているわけではない場合がほとんどです。ですから、お読みいただく時に、あまり気になさる必要はありません。ともあれ伍子胥は、かつては公子《こうし》光《こう》＝闔廬の怨みを利用して取り入り、今また唐・蔡の怨みを利用して楚を破ることに成功したわけです。もちろん、それは自身の怨みを晴らすためで、このように冷酷で周到な性格に裏打ちされた伍子胥の行動は、次段で最高潮に達します。

⑽ 尸《しかばね》に鞭《むち》うつ

始《はじ》め伍員《ごうん》申包胥《しんぽうしょ》と交《こう》を為《な》す。員《うん》の亡《に》ぐるや、包胥《ほうしょ》に謂《い》いて曰《いわ》く、「我《われ》必《かなら》ず楚《そ》を覆《くつがえ》さん」と。包胥曰《ほうしょいわ》く、「我必《われかなら》ずこれを存《そん》せん」と。呉兵《ごへい》郢《えい》に入《い》るに及《およ》び、伍子胥《ごししょ》昭王《しょうおう》を求《もと》む。既《すで》に得《え》ずして、乃《すなわ》ち楚《そ》の平王《へいおう》の墓《はか》を掘《ほ》り、その尸《しかばね》を出《い》だし、これを鞭《むち》うつこと三百《さんびゃく》、然《しか》る後《のち》に已《や》む。

◆始伍員与二申包胥一為レ交。員之亡也、謂二包胥一曰、「我必覆レ楚」。包胥曰、「我必存レ之」。及二呉兵入一レ郢、伍子胥求二昭王一。既不レ得、乃掘二楚平王墓一、出二其尸一、鞭レ之三百、然後已。

以前、伍員《ごうん》が申包胥《しんぽうしょ》と交際があった。伍員が亡命した時、申包胥にいった、「おれは必ず楚《そ》をひっくり返してやる」。申包胥はいった、「わたしは必ず楚を存続させてみせる」。呉軍が郢《えい》に入城するに及んで、伍子胥は昭王《しょうおう》を捜した。「しかし」捕まらなかったので、そこで楚の平王《へいおう》の墓をあばき、遺体を掘り出し、それを三百回鞭うって、それでようやくやめた。

❖❖❖❖

本段の故事から「尸《しかばね》に鞭《むち》うつ」という成語が生まれました。このことばは「屍《しかばね》に鞭うつ」と表記されたり、「死人に鞭うつ」「死者に鞭うつ」などとされることもあります。そういえば、鮎川哲也さんにそれをもじった『死者を笞打《むち》て』という探偵小説があり、これは昔に角川文庫で読んだ記憶があります。

さて、この一段は「伍子胥列伝」第二幕のクライマックスで、他の書物にもしばしば取り上げられていますが、多くは「墓に鞭うつ」となっています。たとえば『春秋《しゅんじゅう》』の解釈書の一つである『春秋穀梁伝《しゅんじゅうこくりょうでん》』定公《ていこう》四年（前五〇六年）では「平王《へいおう》の墓《はか》に撻《むちう》つ」ですし、先にも引用した『呂氏春秋《りょししゅんじゅう》』首時《しゅじ》篇では「荊平《けいへい》の墳《ふん》に鞭《むち》うつこと三百《さんびゃく》」です。

「荊」は楚の異称ですから、「荊平」とは楚の平王のことです。また、『史記』楚世家《そせいか》でも「平王《へいおう》の墓《はか》を辱《はずかし》む」となっており、墓をあばいて遺体に鞭うったとするのは、「伍子胥列伝」以外には「呉太伯世家《ごたいはくせいか》」の「子胥《ししょ》・伯嚭《はくひ》、平王《へいおう》の尸《しかばね》に鞭《むち》うち、以《もっ》て父《ちち》の讎《あだ》に報《むく》ゆ」ぐらいしかありません。『春秋穀梁伝』や『呂氏春秋』は『史記』が書かれたころには既に成立していたと思われますから、司馬遷《しばせん》はこれらの書物を見ていたはずです。

司馬遷は、墓に鞭うたせるよりも尸に鞭うたせる方が伍子胥の怨みをより強調できると考え、既存の史料に意識的に手を加えたのかもしれません。あるいは、参考にしたと思われる伍子胥物語や語り物の中に「尸に鞭うつ」とされていたものがあったため、「伍子胥列伝」を執筆する際にそちらを選んだのかもしれません。可能性は五分と五分ですが、前者であればもちろん、後者であっても、選ぶという行為そのものが主体性に基づくわけですから、怨みに突き動かされる伍子胥の人間像を鮮明にするためには、「墓に鞭うつ」よりも「尸に鞭うつ」の方がよいと司馬遷が判断したことだけは確かです。ここに取り上げたのは小さな違いですが、こうした微細なところにこそ、司馬遷の、あるいは歴史家たちの、歴史叙述に寄せる思いが示されているのです。

(11)　日暮れて途《みち》遠し

申包胥《しんぽうしょ》　山中《さんちゅう》に亡《に》げ、人《ひと》をして子胥《ししょ》に謂《い》わ使《し》めて曰《いわ》く、「子《し》の讎《あだ》に報《むく》ゆること、それ以甚《はなは》だしきかな。吾《われ》これを聞《き》けり、『人衆《ひとおお》ければ天《てん》に勝《か》ち、天定《てんさだ》まらば亦能《またよ》く人《ひと》を破《やぶ》る』と。今《いま》　子《し》は故《もと》の平王《へいおう》の臣《しん》にして、親《した》しく北面《ほくめん》してこれに事《つか》えしに、今《いま》　死人《しにん》を僇《はずか》しむるに至《いた》る。これ豈《あに》それ天道《てんどう》を無《なみ》するの極《きわ》みならんや」と。伍子胥《ごししょ》曰《いわ》く、「我《わ》が為《ため》に申包胥《しんぽうしょ》に謝《しゃ》して曰《い》え、『吾《われ》　日莫《ひく》れて途遠《みちとお》し。吾《われ》　故《ゆえ》に倒行《とうこう》してこれを逆施《ぎゃくし》す』」と。

◆申包胥亡二於山中一、使三人謂二子胥一曰、「子之報レ讎、其以甚乎。吾聞レ之、『人衆者勝レ天、天定亦能破レ人』。今子故平王之臣、親北面而事レ之、今至三於僇二死人一。此豈其無二天道一之極乎」。伍子胥曰、「為レ我謝二申包胥一曰、『吾日莫途遠。吾故倒行而逆二施之一』」。

申包胥《しんぽうしょ》は山中に逃げこみ、使者をつかわして伍子胥《ごししょ》に告げた、「あなたの仇討《あだう》ちのやり方は、何とひどいことでしょう。わたしはこのように聞いております、『人間は勢いが盛んな時には天道にも勝つ。〔だが〕天道が安定を取りもどせば、以前のように人間に勝てる』と。今の場合、あなたはもともと平王《へいおう》の家来で、北《ほく》面《めん》して身近に王さまに仕えたこともあったのに、今では死者を辱めるまでになっている。これは天道をないがしろにすること、この上なきものではありますまいか」。伍子胥は〔申包胥の使者に〕いった、「わたしのために申包胥どのに申しひらきしてくれ、『わたしは日暮れて途《みち》遠しの心境じゃ。わたしはそれ故《ゆえ》、道理に背いた行動を取ったのだ』とな」。

❖　❖　❖　❖

「尸に鞭うつ《しかばねむちうつ》」に続き、今度は「日くれてみち遠し」の成語を生んだ故事にあたる一段です。「くれて」は普通は「暮れて」と書きますが、ここでは「莫《く》れて」となっています。「莫《ぼ》」という漢字は、古くは「」と書きました。「」は草むらで、その中に「日」が沈んでゆくさまを表わしたもので、「日ぐれ」がこの漢字本来の意味だったので

す。日がくれると暗くなって物が見えなくなるので、「莫」は後に「暗い」や「なし」の意味でも使われるようになりました。そのうちに、「莫」を「なし」の意味で使うことが多くなり、「日ぐれ」の意味が薄れてきたので、「日」をもう一つ下に加えて「暮」という漢字が作られたという次第です。「日ぐれ」が「莫」の本来の主人であったのに、「なし」に軒を貸しているうちに母屋を乗っ取られ、やむなく増築した「暮」に引っ越したと思っていただくとよいでしょう。同様の例に「原」と「源」、「然」と「燃」などがあり、後者は杜甫《とほ》の「絶句」、「江《こう》は碧《みどり》にして鳥《とり》は逾《いよ》いよ白《しろ》く／山《やま》は青《あお》くして花《はな》は然《も》えんと欲《ほっ》す」でおなじみかもしれません。このように、薄れてしまった本来の意味の受け皿として新たに作られた「暮」「源」「燃」を、もとの「莫」「原」「然」に対して「繁《はん》文《ぶん》」や「増文《ぞうぶん》」などと呼びます。

また、「みち」は本文のように「途」と書いても、「塗」や「道」と書いてもかまいません。「塗《と》」は「途《と》」と同じ発音ですから、「途」の代用として使うことができます。このように、同じ発音のもので代用する漢字の使い方を「仮借《かしゃ》」といいます。『論語』陽《よう》貨《か》篇に、「道《みち》に聴《き》きて塗《みち》に説《と》くは、徳《とく》をこれ棄《す》つるなり——道ばたで聞きかじったことを「あたかも自説のようなふりをして」すぐに道ばたで説いて聞かせるのは、道徳を放棄する行為だ」という孔子のことばがあり、ここから「道聴塗説《どうちょうとせつ》」という成語が生まれましたが、そこでも「塗」が「途」の仮借として使われているのです。「繁文」「増文」については西田太一郎さんの『漢文の語法』（角川小辞典23、角川書店）の第38節「文字の繁省」に、「仮借」については同書第39節「仮借」に、それぞれ詳しい説明がありますので、ご参照ください。

* * *

伍子胥からの伝言を聞いた申包胥《しんぽうしょ》は、説得は不可能だと悟り、郢《えい》を脱出して秦《しん》へ赴き、救援を要請しました。昭王《しょうおう》の母親は秦の公女でしたから、その縁に頼ったのでしょう。当初、秦王は要請を拒みました。しかし、申包胥が秦の朝廷に立ちつくし、七日七夜も声をとぎらせずに泣き続けたため、その誠意に打たれて救援を決意したのです。こうして申包胥は戦車五百輛《りょう》からなる救援部隊を連れて楚に帰国しました。

秦からの援軍が到着したことに加え、弟の夫概《ふがい》が秘《ひそ》かに帰国して王を僭称《せんしょう》したため、闔廬は楚から撤退せざるを得なくなりました。夫概は闔廬に敗れ、反対に楚へ亡命してしまいました。その隙に昭王は郢に帰還しましたが、なおも呉の攻勢が続くため、都を郢から鄀《じゃく》（現在の湖北《こほく》省宜城《ぎじょう》市の東南）に移しました。こうしてしばらくの間、呉は江南の覇権《はけん》を握ったのです。しかし、それも長くは続きませんでした。たび重なる楚との戦いで呉が疲弊するのを虎視眈眈《たんたん》と窺《うかが》う者が、呉の背後にいたのです。「伍子胥列伝」の第二幕はここで終わり、続きは次段以下で見ることにしましょう。

⑿　闔廬《こうりよ》の死

後四年《のちよねん》、越《えつ》を伐《う》つ。越王句践迎撃《えつおうこうせんげいげき》し、呉《ご》を姑蘇《こそ》に敗《やぶ》り、闔廬《こうりよ》の指《ゆび》を傷《きず》つけ、軍卻《ぐんしりぞ》く。闔廬《こうりよ》創《きず》を病《や》みて将《まさ》に死《し》せんとし、太子夫差《たいしふさ》に謂《い》いて曰《いわ》く、「爾《なんじ》句践《こうせん》の爾《なんじ》の父《ちち》を殺《ころ》せるを忘《わす》るるか」と。夫差《ふさ》対《こた》えて曰《いわ》く、「敢《あ》えて忘《わす》れじ」と。この夕《ゆう》、闔廬死《こうりよし》す。

◆後四年、伐レ越。越王句践迎撃、敗二呉於姑蘇一、傷二闔廬指一、軍卻。闔廬病レ創将レ死、謂二太子夫差一曰、「爾忘三句践殺二爾父一乎」。夫差対曰、「不二敢忘一」。是夕、闔廬死。

その四年後、〔呉《ご》は〕越《えつ》を攻撃した。越王句践《えつおうこうせん》が迎え撃ち、呉を姑蘇《こそ》で破り、闔廬《こうりょ》の指に傷を負わせたので、〔呉〕軍は退却した。闔廬は傷が悪化して瀕死《ひんし》の状態になり、太子の夫差《ふさ》にいった、「おまえは、句践がおまえの父を殺したことを忘れるか」。夫差は答えた、「忘れたりはいたしませぬ」。その晩、闔廬は亡くなった。

❖　❖　❖　❖

本書では省略しましたが、「伍子胥列伝《ごししょれつでん》」では孔子が魯《ろ》で大臣になったことが本段の直前に記されています。それは前五〇〇年のことですから、「後四年」とはそこから起算しての四年後で、前四九六年になります。

さて、ドラマはこれより第三幕、「伍子胥没落の場」へと入ります。彼を没落に導いたのは先に出てきた伯嚭《はくひ》ですが、呉と越との抗争がその背景にありました。ここで越という国について、簡単に紹介しておきましょう。

越は現在の浙江省《せっこう》に位置した国で、都は会稽《かいけい》（現在の浙江省紹興《しょうこう》市の近く）にありました。その歴史は『史記』越王句践世家《えつおうこうせんせいか》に記録されています。そこでは、越の王室は夏《か》王朝の開祖である禹王《うおう》の末裔《まつえい》だとされていますが、これは呉が周王室《しゅう》の親戚《しんせき》だと称したのと相似の説話にすぎません。越が歴史に登場するのは句践の父の允常《いんじょう》の時代からで、允常は闔廬とだいたい同じ時期の人ですから、越は呉よりもさらに新興の国ということになります。

思えば、今でこそ楚は、華北に位置して黄河文明の流れを汲《く》んだ中原《ちゅうげん》の諸国とは異なり、長江文明を受け継いだ伝統国と認められているものの、当時は華南の新興国と見なされていました。その楚が中原の諸国を圧迫し、新興の呉が楚の背後を衝《つ》き、さらに新興の越が呉の背後をつけ狙うという、あたかも自転車の追い抜き競技のような情況が、春秋時代末期の江南でくり広げられていたわけです。地域は違いますが、同様の現象は中国の近世でも起きています。現在の遼寧省《りょうねい》に本拠地を持っていた契丹《きったん》族は遼《りょう》王朝を建て、北宋《ほくそう》王朝を圧迫していました。しかし、その背後には後に金《きん》王朝を建てる女真《じょしん》族が勃興《ぼっこう》し、さらにその背後には後に元《げん》王朝を建てる蒙古《モンゴル》族が動き始めていたのです。結果、遼は北宋と金とに挟撃されて滅亡し、金もまた元に背後を衝かれて滅ぼされてしまいました。現在でも、アジア経済のトップを走ってアメリカに迫ろうとしていた日本が、気がつけば中国に追い抜かれ、さらに東南アジアや南アジアの国々が擡頭《たいとう》しつつあるのは、皆さまご承知のとおりです。なるほど、歴史は繰り返すわけですね。

⒀ 会稽《かいけい》の恥

夫差《ふさ》既《すで》に立《た》ちて王《おう》と為《な》り、伯嚭《はくひ》を以《もつ》て太宰《たいさい》と為《な》し、戦射《せんしや》を習《なら》わしむ。二年《にねん》の後《のち》、越《えつ》を伐《う》ち、越《えつ》を夫湫《ふしよう》に敗《やぶ》る。越王句践《えつおうこうせん》乃《すなわ》ち余兵《よへい》五千人《ごせんにん》を以《ひき》いて会稽《かいけい》の上《うえ》に棲《す》み、大夫種《たいふしよう》をして幣《へい》を厚《あつ》うして呉《ご》の太宰嚭《たいさいひ》に遺《おく》り、以《もつ》て和《わ》を請《こ》わ使《し》め、国《くに》を委《ゆだ》ねて臣妾《しんしよう》と為《な》らんことを求《もと》む。呉王《ごおう》将《まさ》にこれを許《ゆる》さんとす。伍子胥《ごしよ》諫《いさ》めて曰《いわ》く、「越王《えつおう》は人《ひと》と為《な》り辛苦《しんく》に能《た》う。今《いま》王《おう》滅《ほろ》ぼさずんば、後《のち》必《かなら》ずこれを悔《く》いん」と。呉王《ごおう》聴《き》かずして、太宰嚭《たいさいひ》の計《けい》を用《もち》い、越《えつ》と平《へい》す。

◆夫差既立為レ王、以二伯嚭一為二太宰一、習二戦射一。二年後、伐レ越、敗二越於夫湫一。越王句践乃以二余兵五千人一棲二於会稽之上一、使下大夫種厚レ幣遺二呉太宰嚭一、以

請レ和、求三委レ国為二臣妾一。呉王将レ許レ之。伍子胥諫曰、「越王為レ人能二辛苦一。今王不レ滅、後必悔レ之」。呉王不レ聴、用二太宰嚭計一、与レ越平。

夫差《ふさ》は即位して王になると、伯嚭《はくひ》を太宰《たいさい》とし、合戦の弓矢の練習をさせた。二年後、越を攻撃し、これを夫湫《ふしょう》で破った。越王句践《えつおうこうせん》は敗残兵五千人を引き連れて会稽山《かいけいざん》にこもり、大夫《たいふ》の種《しょう》をつかわしてたくさんの貢ぎ物を呉の太宰の伯嚭に献上し、和睦《わぼく》を請い、［越の］国を［呉に］さし出し、［自分たちは呉の］下男・下女にしてくれるようにたのんだ。呉王はこの申し出を受けいれようとした。伍子《ごし》胥《しょ》は諫《いさ》めていった、「越王は苦難に堪《た》えることのできる人物です。今のうちに王さまが［越を］滅ぼしておかれませんと、必ずそのことを後悔なさいましょう」。呉王は聴きいれず、太宰の伯嚭の計略を採用し、越と和睦した。

❖❖❖❖

呉王夫差《ごおうふさ》の二年（前四九四年）の記事。呉越《ごえつ》抗争の初戦は越が勝利を収め、第二戦は呉が勝って越王句践《えつおうこうせん》は雌伏を余儀なくされました。句践が会稽山《かいけいざん》で屈辱的な講和をした本段の故事から生まれたのが「会稽の恥」という成語で、敗戦の屈辱を表現する時に使います。また、その屈辱を晴らすことは「会稽の恥を雪《すす》ぐ」といいます。

もちろん、句践は意気沮喪《そそう》して会稽山に隠棲《いんせい》したわけではありません。怨《うら》みを抱きながら、報復の機会をじっと窺っていたのです。怨みを抱く人間の恐ろしさは、伍子胥《ごししょ》が一番よく知っていました。表現は少し違いますが、かつて伍奢《ごしゃ》が伍子胥を評した「員《うん》は人《ひと》と為《な》り剛戻忍詢《ごうれいにんこう》、能《よ》く大事《だいじ》を成《な》す」（三五ページ）と、いま伍子胥が句践を評した「越王《えつおう》は人《ひと》と為《な》り辛苦《しんく》に能《た》う」とは、いわんとすることがほとんど同じです。あるいは伍子胥は、句践にかつての自分の姿を見ていたのかもしれません。しかし、太宰《たいさい》（総理大臣）となった伯嚭《はくひ》の暗躍の結果、伍子胥の諫言《かんげん》は退けられました。これを境に、伍子胥は夫差から疎外されるようになってゆきます。

★「臥薪嘗胆《がしんしょうたん》」

数ある故事成語の中でも、「臥薪嘗胆」は最もよく知られたものの一つでしょう。ところが、このことばにはいささかやっかいな問題が絡んでいるのです。煩雑になりますが、ここでその問題について書き留めておきたいと思います。

「臥薪嘗胆」の出典はと問われれば、元《げん》の曾先之《そうせんし》が編纂《へんさん》した通俗的な歴史書である『十八史略《じゅうはっしりゃく》』を挙げなければなりません。全体を引用するとかなり長くなりますので、関係する部分を要約して掲げておきましょう。

呉王夫差《ごおうふさ》は、父の闔廬《こうりょ》を死に至らしめた越王句践《えつおうこうせん》への復讐《ふくしゅう》を誓った。彼は薪《まき》の中で寝起きし、部屋を出入りする時にはいつでも、「夫差よ、きさまは越の者がきさまの父親を殺したことを忘れたのか」と家臣に叫ばせた。こうして二年後、夫差は句践を破り、父の汚名を雪《すす》いだ。

会稽山《かいけいざん》での屈辱的な和睦の後に帰国を許された句践もまた、夫差への復讐を誓った。彼は寝室に苦い胆《きも》をぶらさげ、それを仰ぎ見ては嘗《な》め、「きさまは、会稽の恥を忘れたのか」といって自分を奮起させた。こうして二十一年後、句践は呉を破って夫差を自殺に追いやり、ついに会稽の恥を雪いだのである。

ここにありますように、夫差が薪の中で寝起きした故事から「臥薪《がしん》」、句践が胆を嘗めた故事から「嘗胆《しょうたん》」ということばが生まれ、それを合わせた「臥薪嘗胆」は「復讐のために艱難《かんなん》辛苦に堪えること」、ひいては「将来の成功を期して苦労を重ねること」をいう成語として今でもよく使われています。

さて、問題はここからです。「臥薪嘗胆」という四字熟語は、『十八史略』より早く、北宋《ほくそう》の蘇軾《そしょく》の「孫権《そんけん》の曹操《そうそう》に答《こた》うるの書に擬《ぎ》す」に初めて出てきます。そこでは「臥薪嘗胆」がだれの故事に由来するかは語られていませんが、「嘗胆」が『史記』越王句践世家の「越王句践《えつおうこうせん》　国《くに》に反《かえ》り、乃《すなわ》ち身《み》を苦《くる》しめ思《おも》いを焦《こ》がし、胆《きも》を坐《ざ》に置《お》き、坐臥《ざが》に即《すなわ》ち胆《きも》を仰《あお》ぎ、飲食《いんしょく》にもまた胆《きも》を嘗《な》めて曰《いわ》く、女《なんじ》　会稽《かいけい》の恥《はじ》を忘《わす》れたるか、と」に由来するのは確実です。しかし「臥薪」は、夫差はもとより、だれの故事にも見当たりません。ただ、句践に関しては、たとえば『呉越《ごえつ》春秋《しゅんじゅう》』句践帰国外伝《こうせんきこくがいでん》に「目臥《めが》すれば則《すなわ》ちこれを攻《せ》むるに蓼《たで》を以《もっ》てし、足寒《あしさむ》ければ則《すなわ》ちこれを漬《つ》くるに水《みず》を以《もっ》てす——眠くなったら「睡魔を払うために」蓼の葉で目を刺激し、足が冷えれば「身を一層苦しめるために」水に漬けた」と記されています。ひょっとしたら、蘇軾はこうしたものにヒントを得て「臥薪」ということばを造ったのかもしれません。もしそうだとすれば、「臥薪」もまた句践の故事に由来する成語といえるのではないでしょうか。なお『呉越春秋』は、後漢《ごかん》の趙曄《ちょうよう》が呉越の抗争を集中的に記録した歴史書です。

まとめて申しますと、蘇軾が句践の故事から「臥薪嘗胆」という四字熟語を造り、曾先之はそれを「臥薪」と「嘗胆」とに分割して前者を夫差に当てたのではないでしょうか。そうしなければ、夫差と句践の釣り合いが取れないからです。「臥薪嘗胆」というよく知られた故事成語には、このようにやっかいな問題が絡んでいるのです。

＊　＊　＊

越《えつ》との戦いの勝利に酔った呉王夫差《ごおうふさ》は、伍子胥《ごししょ》の諫言《かんげん》に耳を傾けるどころか、北方の斉《せい》に遠征しようと考え始めました。伍子胥は越を警戒するようにと言を尽くして諫《いさ》めましたが、夫差はとうとう遠征を敢行し、前四八四年の艾陵《がいりょう》の戦いでは斉を散々にうち破りました。同年、夫差は伍子胥を使者として斉につかわしました。出発に際し、伍子胥は息子の伍豊《ごほう》に、「わしはたびたび王さまをお諫めしたのだが、王さまはお取り上げくださらなかった。わしは近々、呉が滅ぶのを目のあたりにすることだろう。お前が呉と運命をともにして死ぬのは、むだなことだ」と語り、息子を斉の鮑氏《ほうし》に預けた上で帰国しました。

⑭ 伯嚭《はくひ》の讒言《ざんげん》

呉《ご》の太宰嚭《たいさいひ》既《すで》に子胥《ししょ》と隙有《げきあ》り、因《よ》りて讒《ざん》して曰《いわ》く、「子胥《ししょ》は人《ひと》と為《な》り剛暴《ごうぼう》にして、少恩猜賊《しょうおんさいぞく》なり。その怨望《えんぼう》するや、深禍《しんか》を為《な》さんことを恐《おそ》るるなり。前日《ぜんじつ》、王《おう》斉《せい》を伐《う》たんと欲《ほっ》せしに、子胥以《ししょもっ》て不可《ふか》と為《な》す。王卒《おうつい》にこれを伐《う》ちて大功有《たいこうあ》り。子胥《ししょ》その計謀《けいぼう》の用《もち》いられざるを恥《は》じ、乃《すなわ》ち反《かえ》って怨望《えんぼう》す。而《しこ》うして今《いま》王又復《おうまたま》た斉《せい》を伐《う》つに、子胥専愎《ししょせんぷく》にして彊諫《きょうかん》し、事《こと》を用《もち》うるを沮毀《そき》す。徒《た》だ呉《ご》の敗《やぶ》るるを幸《さいわ》いとし、以《もっ》て自《みずか》らその計謀《けいぼう》に勝《まさ》れりとするのみ。今《いま》王自《おうみずか》ら行《ゆ》き、国中《こくちゅう》の武力《ぶりょく》を悉《つ》くして以《もっ》て斉《せい》を伐《う》つに、子胥諫《ししょいさ》めて用《もち》いられずして、因《よ》りて輟謝《てつしゃ》して病《やまい》と詐《いつわ》りて行《ゆ》かず。王《おう》備《そな》えざる可《べ》からず。これ禍《わざわ》いを起《お》こすこと難《かた》からず。且《か》つ嚭《ひ》人《ひと》をして微《ひそ》かにこれを伺《うかが》わ使《し》むるに、その斉《せい》に使《つか》いするや、乃《すなわ》ちその子《こ》を斉《せい》の鮑氏《ほうし》に属《しょく》す。それ人臣為《じんしんた》りて、内《うち》意《い》を得《え》ずして、外《そと》 諸侯《しょこう》に倚《よ》り、自《みずか》ら以為《おも》えらく、先王《せんおう》の謀臣《ぼうしん》なれども、今《いま》用《もち》いられずと、常《つね》に鞅鞅《おうおう》として怨望《えんぼう》せり。願《ねが》わくは王《おう》早《つと》にこれを図《はか》られよ」と。呉王曰《ごおういわ》く、「子《し》の言微《げんな》くとも、吾《われ》も亦《また》これを疑《うたが》えり」と。乃《すなわ》ち使《つか》いをして伍子胥《ごししょ》に属鏤《しょくる》の剣《けん》を賜《たま》わ使《し》めて曰《いわ》く、「子《し》 これを以《もっ》て死《し》せ」と。

◆呉太宰嚭既与二子胥一有レ隙、因讒曰、「子胥為レ人剛暴、少恩猜賊。其怨望、恐レ為二深禍一也。前日、王欲レ伐レ斉、子胥以為二不可一。王卒伐レ之而有二大功一。子胥恥二其計謀不一レ用、乃反怨望。而今王又復伐レ斉、子胥専愎彊諫、沮二毀用一レ事。徒幸二呉之敗一、以自勝二其計謀一耳。今王自行、悉二国中武力一以伐レ斉、而子胥諫不レ用、因輟謝詳レ病不レ行。王不レ可レ不レ備。此起レ禍不レ難。且嚭使二人微伺一レ之、其使二於斉一也、乃属二其子於斉之鮑氏一。夫為二人臣一、内不レ得レ意、外倚二諸侯一、自以為先王之謀臣、今不レ見レ用、常鞅鞅怨望。願王早図レ之」。呉王曰、「微二子之言一、吾亦疑レ之」。乃使三使賜二伍子胥属鏤之剣一曰、「子以レ此死」。

呉《ご》の太宰《たいさい》の伯嚭《はくひ》はもともと伍子胥《ごししょ》と仲が悪かったものだから、この機会に

［伍子胥のことを呉王夫差《ごおうふさ》に］讒言《ざんげん》した、「子胥は気が荒く、恩知らずで嫉《ねた》み深い性格です。やつが怨みを抱きますと、ひどい禍いが起こるのが心配されます。先日、王さまが斉《せい》を討伐しようとなさいましたおり、子胥はだめだと申しました。［ですが］王さまは、結局斉を討伐なさり、大成功を収められました。子胥は自分の計略が採用されなかったのを恥じ、こともあろうに逆怨みをいたしておりま す。そしてこのたび、王さまが再び斉を討伐なさいますのに、子胥は勝手気ままに逆らって無理やり諫め、討伐の実行を妨害しております。ひとえに呉が負けることを願い、それで自分の方が計略に勝れていることを示したいだけなのです。このたび、王さまじきじきにご出陣なさり、国中の兵力をあげて斉を討伐なさいますのに、子胥は諫めても取り上げられないものですから、それで辞職し、仮病を使って同行いたしませぬ。王さま、ご用心なさらねばなりませんぞ。やつは、禍いを巻き起こすこと必定です。それにわたくし、密偵を出してこっそりとやつの行動を探らせましたところ、斉に使いいたしました際に、こともあろうに自分の息子を斉の鮑氏《ほうし》に預けておりました。そもそも人に仕える身でありながら、国

内では思うにまかせぬため、国外で諸侯にたより、ご先代さまの参謀であったにもかかわらず、今では用いてもらえないと自分で思いこみ、常に不満を抱いて［王さまを］怨んでおるのです。どうか王さま、早急にやつを始末なさいませ」。呉王はいった、「そちが申すまでもなく、わしもやつを疑《うたご》うておった」。そして使者をつかわし、伍子胥に属鏤《しょくる》という名剣を下賜して告げた、「きさま、これで死ね」。

❖❖❖❖

呉王夫差《ごおうふさ》の十二年（前四八四年）の記事。斉《せい》から帰ってきた伍子胥《ごししょ》を待っていたのは、伯嚭《はくひ》の讒言《ざんげん》でした。一つの段落をあまり長くしたくはないのですが、ここは伯嚭の長広舌《ちょうこうぜつ》にお付き合いいただこうと思い、敢《あ》えて分割しませんでした。読みづらいでしょうが、お許しください。

漢字や漢語にも見慣れないものがいくつかあるので、補足しておきましょう。「専愎《せんぷく》」の「専」は「擅《せん》」と同じで、勝手気まま、思うがままの意味、「愎」は逆らうの意味です。ちなみに、自分だけが思うがままにふるまう独り舞台を今では「独壇場《どくだんじょう》」といいますが、これは「独擅場《どくせんじょう》」を誤ったのがそのまま定着したものです。「輟謝《てつしゃ》」は「輟」も「謝」もやめるの意味で、このように同じ意味の漢字を重ねた漢語を「連文《れんぶん》」といいます。他では三二ページの「愛幸」、七三ページの「以甚」、そして本段の「怨望」「計謀」などが、いずれもこの「連文」に当たります。「詳病」の「詳」は、くわしいという意味の時には「ショウ」と発音しますが、ここは「佯《よう》」と同じでいつわるの意味、発音も「ヨウ」です。また、「属鏤《しょくる》」の「属」は「钃《しょく》」と同じで金属を断ち切ること、「鏤」は金属を切り刻むことで、この金属をも断ち切れる鋭利な剣が伍子胥の未来を断ち切るわけです。「属鏤の剣」とか「属鏤の剣を賜《たまわ》る」ということばは、かつては人に自決や馘《かく》首《しゅ》を申し渡す時に使われた故事成語ですが、今ではほとんど使われることはありません。まあ、派遣切りやら指名解雇が横行するご時世ですから、せめて「属鏤の剣」などという物騒なことばぐらいは、このまま死語になってほしいものですね。

⒂　伍子胥の最期

伍子胥《ごししょ》　天《てん》を仰《あお》ぎ歎《たん》じて曰く、「嗟乎《ああ》、讒臣嚭《ざんしんひ》　乱《らん》を為《な》せり。王乃《おうすなわ》ち反《かえ》って我《われ》を誅《ちゅう》せんとす。我《われ》　若《なんじ》の父《ちち》をして覇《は》たら令《し》む。若《なんじ》の未《いま》だ立《た》たざりし時《とき》より、諸公子《しょこうし》　立《た》つを争《あらそ》い、我《われ》　死《し》を以《もつ》てこれを先王《せんおう》に争《あらそ》う。幾《ほと》んど立《た》つを得《え》ず。若既《なんじすで》に立《た》つを得《え》、呉国《ごこく》を分《わ》かちて我《われ》に予《あた》えんと欲《ほつ》せしに、我顧《われかえ》って敢《あ》えて望《のぞ》まざるなり。然《しか》るに今《いま》　若《なんじ》　諛臣《ゆしん》の言《げん》を聴《き》き、以《もつ》て長者《ちょうじゃ》を殺《ころ》すか」と。以《もつ》て乃《すなわ》ちその舎人《しゃじん》に告《つ》げて曰《いわ》く、「必《かなら》ず吾《わ》が墓上《ぼじょう》に樹《う》うるに梓《あずさ》を以《もつ》てせよ。以《もつ》て器《き》を為《つく》る可《べ》から令《し》めん。而《しこ》うして吾《わ》が眼《め》を抉《えぐ》りて呉《ご》の東門《とうもん》の上《うえ》に県《か》けよ。以《もつ》て越寇《えつこう》の入《い》りて呉《ご》を滅《ほろ》ぼすを観《み》ん」と。乃《すなわ》ち自剄《じけい》して死《し》す。呉王《ごおう》これを聞《き》きて大《おお》いに怒《いか》り、乃《すなわ》ち子胥《ししょ》の尸《しかばね》を取《と》り、盛《も》るに鴟夷《しい》の革《かわ》を以《もつ》てし、これを江《こう》中《ちゅう》に浮《う》かぶ。呉人《ごひと》これを憐《あわ》れみ、為《ため》に祠《し》を江上《こうじょう》に立《た》て、因《よ》りて命《な》づけて胥山《しょざん》と曰《い》う。

◆伍子胥仰レ天歎曰、「嗟乎、讒臣嚭為レ乱矣。王乃反誅レ我。我令二若父覇一。自二若未レ立時一、諸公子争レ立、我以レ死争二之於先王一。幾不レ得レ立。若既得レ立、欲下分二呉国一予上レ我、我顧不二敢望一也。然今若聴二諛臣言一、以殺二長者一」。乃告二其舎人一曰、「必樹二吾墓上一以レ梓。令レ可二以為一レ器。而抉二吾眼一県二呉東門之上一。以観二越寇之入滅一レ呉也」。乃自剄死。呉王聞レ之大怒、乃取二子胥尸一、盛以二鴟夷革一、浮二之江中一。呉人憐レ之、為立二祠於江上一、因命曰二胥山一。

伍子胥《ごししょ》は天を仰ぎ、嘆息していった、「ああ、讒臣《ざんしん》の伯嚭《はくひ》めが謀反を起こしおった。それなのに、王は反対にわしを処刑しようとする。〔王よ、〕わしはきさまの父親を覇者《はじゃ》にしてやった。きさまがまだ即位せぬ先、公子たちが王位を争ったので、わしはきさまを即位させるようにと、命がけでご先代さまに諫争《かんそう》してやった。もう少しで即位できぬところだったのだぞ。きさまが即位できた後、呉の国をわしに分け与えたいと申したが、わしは欲しいとも思わなんだ。なのに今、きさまはごますりのことばを聴きいれて、有徳の者を殺すのか」。そして自分の召使いに申し渡した、「わしの墓の上には必ず梓《あずさ》の木を植えよ。［それで呉王の］棺《かん》桶《おけ》を作れるようにな。それから、わしの目玉を抉《えぐ》り出して呉の東門の上にぶらさげよ。それで越の侵略軍が［東門から］入城してきて呉を滅ぼすのを見てやるのだ」。こういうと自分で首を切って死んだ。呉王はそれを聞いて激怒し、伍子胥の遺体を取りよせ、鴟夷《しい》の革袋に包み、これを長江《ちょうこう》に投げこんだ。呉の人々は伍子胥を憐れみ、長江のほとりに祠《ほこら》を立ててやり、［そこを伍子胥に］因《ちな》んで胥山《しょざん》と名づけた。

❖❖❖❖

長く続いた伍子胥《ごししょ》の復讐《ふくしゅう》劇のラストシーンです。彼は文字どおりの怨《うら》み言の数々を夫差《ふさ》に浴びせた後、人を戦慄《せんりつ》させる遺言を残して死んでゆきました。その遺言にある「県《けん》」は「懸《けん》」と同じで、ぶらさげるの意味です。『史記』のテキストの中には「著《ちゃく》」と書いているものもあり、その場合は置くの意味になります。また、目玉をぶらさげる場所を東門と指定したのは、越は呉の東方にあったので、越の入城はきっと東門からだろうと予想したためです。それから墓への植樹ですが、これ自体は決して特異なことではありません。墓の上に松や柏《はく》（コノテガシワ）、梓などの常緑樹を植えるのは中国の一般的な風習で、墓をカモフラージュして盗掘を防ぐという現実的な目的とともに、それらの常緑樹の生気が遺体の腐敗を防ぎ、霊魂を永遠に肉体に繋《つな》ぎとめられるという信仰があったのです。その信仰に基づいて、これらの木は棺材としても使われました。ですから「墓の上に梓を植えて棺桶を作れ」という遺言は、一見すると異様ではないのですが、伍子胥の場合、その棺桶に夫差の遺体を入れようというのですから、これは尋常ではありません。伍子胥にとって、梓の生気はおのれの怨みを永続させるためのものであったわけです。

「鴟夷《しい》の革《かわ》」は、牛や馬の革で作った大きな袋をいいます。「鴟」はフクロウ、「夷」はペリカンで、フクロウの腹やペリカンの喉袋《のどぶくろ》がたくさんのものを容《い》れることからこのような呼び名が付けられました。伍子胥の遺体が投棄された「江《こう》」は、実のところ、どの川なのかはよくわかりません。「江」といえば普通は長江なので、ここでもそう訳しておきましたが、呉の都の近くを流れる呉江《ごこう》（現在の呉淞江《ごしようこう》）だろうとする説もあります。同様に「胥山《しよざん》」の位置も、「江」がどの川なのかがわからないことと、後世の人が伍子胥の鎮魂のための廟《びょう》をあちらこちらに建てたことの二つの理由により、現在ではわからなくなってしまっています。

＊　＊　＊

「伍子胥列伝」には、彼を誅殺《ちゅうさつ》した後の呉王夫差《ごおうふさ》の動向や、楚《そ》の太子建《けん》の息子で、伍子胥とともに呉へ亡命した白公勝《はっこうしょう》のことなどが続けて記載されていますが、本書では訳出を省略し、夫差と伯嚭《はくひ》の末路だけを簡単に紹介しておきたいと思います。

伍子胥画像鏡　青銅器
（上海博物館蔵）

伍子胥を殺した夫差は北方への遠征を繰り返し、前四八二年の春には黄池《こうち》（現在の河南《かなん》省封《ほう》丘《きゅう》県の近く）で会盟《かいめい》を開きました。会盟というのは、春秋時代にしばしば行なわれた国際会議のことです。会盟のしめくくりには、小国の代表がいけにえの牛の耳を割いて血をしぼり、主催者がそれを最初にすすった後に参会の諸侯が回し飲み、結んだ盟約の遵守を神に誓う儀式が行なわれました。「同盟の盟主となること」、ひいては「集団の指導者となって構成員をリードすること」を意味する「牛耳《ぎゅうじ》を執《と》る」は、牛の耳を割くことと最初に血をすることとがいつの間にか混同されて生まれた成語です。さらには、これを動詞化して「牛耳《ぎゅうじ》る」ということばもでき、今では「豪速球で相手打線を牛耳る」などと、力で相手を抑えこむ意味でも使われているようです。

春に始まった黄池での会盟は、呉王夫差と晋《しん》の定公《ていこう》（前五一一～前四七五年在位）とが血をする順序で争い、秋七月になってようやくしめくくりを迎えました。この時、どちらが最初に血をすすったのかは、書物によって記述が異なっているため、よくわかりません。しかし、ただ一つわかるのは、血をすすった時の夫差の耳には、すでに危急の報が届いていたことです。前月、越王句践《えつおうこうせん》が雌伏十二年の末に挙兵して呉を破り、夫差の太子友《ゆう》を生け捕りにしたのです。そのため、夫差は急いで会盟を終えて帰国しましたが、遠征で疲れきった呉軍では越に対抗できず、和睦《わぼく》を余儀なくされました。以来、呉は越に圧倒され続け、ついに前四七三年、越に降伏して滅亡しました。「越王句践世家」によると、夫差は「わしは伍子胥に会わせる顔がない」と布で顔を覆って自害したということです。また「伍子胥列伝」には、同じ時に句践が伯嚭を、君主に不忠で国外から賄賂《わいろ》を取ったという理由で処刑したことが記されています。

★伍子胥の怨霊《おんりょう》

波瀾万丈《はらんばんじょう》であった伍子胥の生涯は、後世の人々に深い感銘を与えました。その結果、彼にまつわる説話や伝承が多く生まれています。先のコラムで取り上げた「伍子胥変文《ごししょへんぶん》」もその一つですが、ここでは伍子胥の怨霊の話を紹介しておきたいと思います。

後漢《ごかん》の王充《おうじゅう》（二七？～一〇〇年？）が著した『論衡《ろんこう》』書虚篇《しょきょ》に、以下のような話が記されています。

呉王夫差は伍子胥を殺し、遺体を釜ゆでにした後、鴟夷《しい》の革袋に包んで川に投げこんだ。伍子胥は怒り怨み、水を駆って大波を起こし、人々を溺死《できし》させた。会稽《かいけい》郡丹徒《たんと》県の大江《たいこう》（現在の江蘇《こうそ》省鎮江《ちんこう》市付近の長江）や銭塘《せんとう》県の浙江《せっこう》（現在の浙江省杭州《こうしゅう》市付近の銭塘江《せんとうこう》）には、いずれも伍子胥を祭る廟《びょう》が建てられている。その怨霊を慰め、大波を鎮《しず》めようとしたためである。

王充は批判精神が旺盛《おうせい》で、おかしいと感じた話を片っ端から批判してまわった人です。彼がこの話を取り上げたのも、それを後世に伝えようとしたからではなく、批判するためでした。彼は続けて、「伍子胥以外にも怨みを抱きながら投水した者はたくさんいるのに、そうした人々が大波を起こさないのはなぜか」「伍子胥が投げこまれた川は一つであるはずなのに、あちらこちらの川で大波を起こすのはなぜか」といっています。王充はこうした伝承の虚妄を暴こうとして『論衡』を著したのですが、彼の意図とは異なり、『論衡』は珍しい伝承を保存した書物として読み継がれました。わたしも、よくぞこの話を書き残してくれたことだと思います。没後五百年あまりたっても、伍子胥の怨霊が現地の人々を恐れさせていたことを教えてくれる話だからです。

もちろん現在では、この大波が大潮の時の海水の逆流によるものであることはよく知られています。ラッパ状に開いた湾に注ぎこむ大河にはこの現象が起きやすく、その代表はアマゾン川のポロロッカでしょう。中国でも銭塘江の大逆流は有名で、毎年、その時期になるとたくさんの観光客が見物に訪れるそうです。

ともあれ、伍子胥は生きている間だけではなく、死んでからも波瀾万丈の主役を立派に務め続けたわけです。そう思えば、実におもしろいではありませんか。

◆第二部　戦国時代の人間関係――「魏《ぎ》公子《こうし》列伝《れつでん》」より

怨《うら》みを下敷きにした凄惨《せいさん》な話が続きましたので、ちょっと気分を変えてプロ野球の世界に目を移してみましょう。昔はわが南海ホークスの村上雅則投手を除いて大リーグの舞台を踏んだ人はいませんでしたが、近ごろでは野茂英雄さんを皮切りに、イチローさんや松井秀喜さん・松坂大輔さんなど、大リーグに活躍の場を求める選手が後を絶ちません。かつては選手を厳しく縛っていた契約がだんだんと緩和され、能力次第で活躍の場を広げられる時代がやってきたことと、大リーグの側でもチーム数が増えて競争が激化したため、広い範囲から選手を集めて補強を図ろうとしたことがあいまって、現在の情況が生まれたのでしょうね。

似たようなことが中国の戦国時代にもありました。あい次ぐ戦乱の中で、小さな国は滅ぼされ、大きな国は分裂し、世襲制に基づく固定的な主従関係と身分秩序はすっかり崩れ去ってしまいました。それまでは能力があっても身分に縛られていた人々が、自由に新天地を求めうる時代が到来したのです。諸国の支配層の側でも、自分たちの勢力を強化するとともに、天下取りのレースから脱落しないためには、出身地や身分に関係なく有能な人材を積極的に登用することが必要となりました。こうして戦国時代には、従来には見られなかったような新しい人間関係が生まれたのです。

「戦国四《せんごくし》君《くん》」と呼ばれた人々がいます。斉《せい》の王族であった孟嘗君《もうしようくん》・田文《でんぶん》（?～前二七九年?）、趙《ちよう》の恵文王《けいぶんおう》の弟であった平原君《へいげんくん》・趙勝《ちようしよう》（?～前二五一年）、魏《ぎ》の安釐王《あんきおう》の弟であった信陵君《しんりようくん》・魏無忌《ぎむき》（?～前二四四年）、楚《そ》の宰相を務めた春申君《しゆんしんくん》・黄歇《こうけつ》（?～前二三八年）の四人がそれで、彼らはいずれも有能な人材をたくさん配下に集めたことで名を馳《は》せました。『史記』では巻七十五から巻七十八にかけて、この四人の伝記が「孟嘗君列伝」「平原君・虞卿《ぐけい》列伝」「魏公子列伝」「春申君列伝」として連続で出てきます。ここでは、その中から信陵君・魏無忌を主人公とする「魏公子列伝」の一部を取り上げ、戦国時代に生まれた新しい人間関係を探ってみようと思います。また、コラムなどで、孟嘗君たちのこともできるだけ紹介したいと考えています。

(1)　門番の老人

魏《ぎ》に隠士《いんし》有《あ》り、侯嬴《こうえい》と曰《い》う。年七十《とししちじゅう》にして、家貧《いえまず》しく、大梁《たいりょう》の夷門《いもん》の監者《かんじゃ》と為《な》る。公子《こうし》これを聞《き》き、往《ゆ》きて請《まね》き、厚《あつ》くこれに遺《おく》らんと欲《ほっ》す。肯《あ》えて受《う》けずして曰《いわ》く、「臣《しん》 身《み》を脩《おさ》め行《おこな》いを絜《いさぎよ》うすること数十年《すうじゅうねん》、終《つい》に監門《かんもん》に困《くる》しむの故《ゆえ》を以《もっ》て公子《こうし》の財《ざい》を受《う》けじ」と。公子《こうし》ここに於《おい》て乃《すなわ》ち置酒《ちしゅ》し、大《おお》いに賓《ひん》客《きゃく》を会《かい》す。坐《ざ》定《さだ》まり、公子《こうし》 車騎《しゃき》を従《したが》え、左《ひだり》を虚《むな》しうして自《みずか》ら夷門《いもん》の侯生《こうせい》を迎《むか》う。

◆魏有二隠士一、曰二侯嬴一。年七十、家貧、為二大梁夷門監者一。公子聞レ之、往請、欲二厚遺一レ之。不二肯受一曰、「臣脩レ身絜レ行数十年、終不下以二監門困故一而受中公子財上」。公子於レ是乃置酒、大会二賓客一。坐定、公子従二車騎一、虚レ左自迎二夷門侯生一。

魏《ぎ》に侯嬴《こうえい》という隠者《いんじゃ》がいた。年齢は七十歳、家が貧乏で、大梁《たいりょう》の夷門《いもん》の門番をしていた。公子《こうし》は彼の評判を聞き、出かけて行って招待し、手厚い贈り物をしようとした。［しかし侯嬴は］受け取ろうとしないでいった、「わしは数十年もの間、心がけを正しゅうし、行ないを清潔にしてきたのじゃ。門番で窮乏しておるからとて、公子さまの金品をいただこうなぞとはさらさら思いませぬ」。そこで公子は酒宴を開き、たくさんの賓客を招いた。［賓客たちが］席につくと、公子は車騎を引き連れ、［上席である］左側の席を空けたまま、じきじきに夷門の侯生《こうせい》を迎えに行った。

❖❖❖❖

「魏公子列伝《ぎこうしれつでん》」は『史記』の巻七十七、列伝七十篇の十七番目にあります。「公子《こうし》」というのは、「伍子胥列伝《ごししょれつでん》」でも呉王諸樊《ごおうしょはん》の息子が公子光《こうしこう》と呼ばれていたように、太子以外の王子の呼称です。本篇の主人公である魏公子は本名を魏無忌《ぎむき》といい、魏の昭王《しょうおう》（前二九五～前二七七年在位）の末息子で、安釐王《あんきおう》（前二七六～前二四三年在位）の異母弟でした。彼は信陵《しんりょう》という土地に領地をもらい、信陵君《しんりょうくん》とも呼ばれました。この称号も有名ですが、ここでは『史記』の記述に従って公子のままで説明してゆこうと思います。

紙幅の関係で「魏公子列伝」の冒頭部分は省略しましたが、そこには公子の人柄を紹介した一節がありますので、現代語訳で引用しておきましょう。

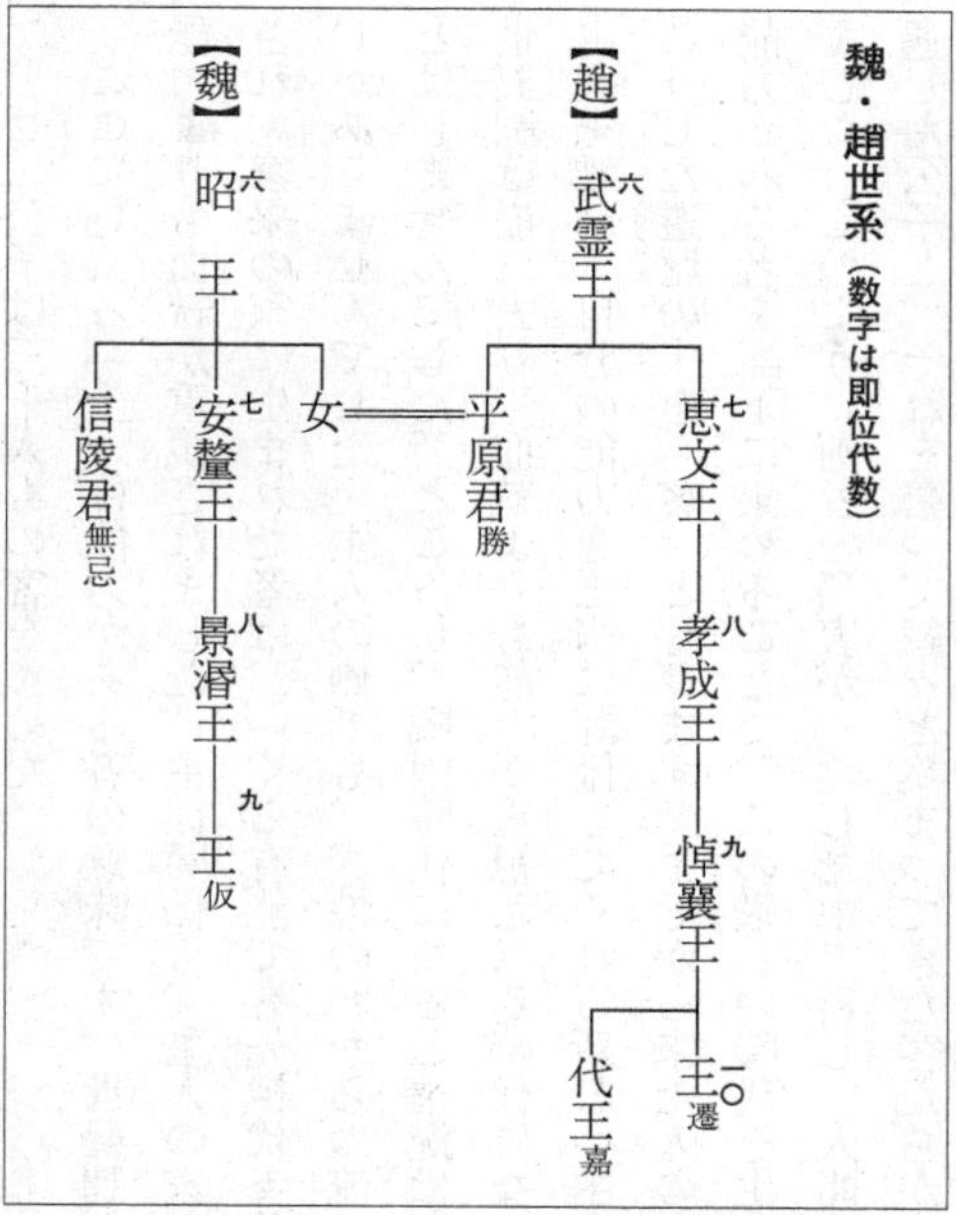

公子は情け深い性格で、士《し》にへりくだり、士に対しては優れた者と劣った者との区別なく、すべてに謙虚な態度で礼を尽くして交際し、自分の富貴を鼻にかけて士にいばり散らすようなことはしなかった。そのため士は千里の彼方《かなた》からも我先にとやってきて公子に身を寄

せ、公子は三千人もの客《きゃく》を集めた。

ここに見える「士《し》」は能力がある者の意味です。世襲制が維持されていた社会では、能力よりも血統が重視されました。主従関係も、主人の家と家来の家とがお互いに固定され、家来の家に生まれた者は、いくら有能でも先祖代々仕えてきた主人の家に仕えるしかありませんでした。主人の側でも、素性のわからぬ流れ者を積極的に召し抱えようとはしませんでした。ところが、戦国時代になると情況は一変します。あい次ぐ戦乱で世襲制は崩れ去り、血統よりも能力が重視される時代になったのです。士はそれまでの主家を離れ、自分の能力を正当に評価してくれる新しい主人を求めて移動を始めました。こうした遊歴《ゆうれき》の士を「客《きゃく》」と呼びます。よそから来た人の意味ですね。主人の側でも、能力がある者を配下に集めることで、この厳しい時代を生き抜こうと考えるようになりました。このように両者の利害が一致した中で新しい人間関係が生まれました。士を礼遇した公子と、それを慕って続々と集まってきた客たちが織り成す「魏公子列伝」は、この新しい人間関係を集中的に描いた一篇なのです。

さて、本段。すでに三千人もの客を集めていた公子は、さらに侯嬴《こうえい》という者を招こうとしました。「魏公子列伝」では侯生《こうせい》とも表記されていますが、「生」は敬称で、先生ぐらいの意味です。彼は大梁《たいりょう》の夷門《いもん》の監者《かんじゃ》でした。大梁は当時の魏の都で、現在の河南《かなん》省開封《かいほう》市。夷門は大梁城の東門です。監者は門番で、『孟子《もうし》』や『荀子《じゅんし》』などの戦国時代の文献には、門番を卑しい官職の代表とする記述が散見されます。侯嬴は老齢で貧しい上に、卑しい身分でもあったわけです。そんな人物を、評判を聞いただけで客に迎えようと出かけた公子でしたが、最初はけんもほろろに拒絶されてしまいました。そこで公子は、侯嬴を主賓とする酒宴の準備を整えた上で出なおしました。ところが――。

(2)　無礼な侯嬴《こうえい》

侯生《こうせい》　敝衣冠《へいいかん》を摂《ととの》え、直《ただ》ちに上《のぼ》り、公子《こうし》の上坐《じょうざ》に載《の》りて譲《ゆず》らず。以《もっ》て公子《こうし》を観《み》んと欲《ほっ》す。公子《こうし》　轡《たづな》を執《と》りて愈《いよいよ》　恭《うやうや》し。侯生《こうせい》　又公子《またこうし》に謂《い》いて曰《いわ》く、「臣《しん》　客《きゃく》の市屠《しと》中《ちゅう》に在《あ》る有《あ》り。願《ねが》わくは車騎《しゃき》を枉《ま》げてこれを過《よぎ》られよ」と。公子《こうし》　車《くるま》を引《ひ》きて市《し》に入《い》る。侯生《こうせい》下《お》りてその客《きゃく》　朱亥《しゅがい》を見《み》、俾倪《へいげい》し、故《ことさ》らに久《ひさ》しく立《た》ちてその客《きやく》と語《かた》り、微《ひそ》かに公子《こうし》を察《み》る。公子《こうし》の顔色《がんしよく》愈《いよいよ》和《やわ》らぐ。この時《とき》に当《あ》たり、魏《ぎ》の将相《しようしよう》・宗室《そうしつ》の賓客《ひんきやく》堂《どう》に満《み》ち、公子《こうし》の挙酒《きよしゆ》するを待《ま》つ。市人《しじん》 皆《みな》公子《こうし》の轡《たづな》を執《と》るを観《み》、従騎《じゆうき》 皆《みな》窃《ひそ》かに侯生《こうせい》を罵《ののし》る。侯生《こうせい》 公子《こうし》の色《いろ》終《つい》に変《か》わらざるを視《み》、乃《すなわ》ち客《きやく》に謝《しや》して車《くるま》に就《つ》く。

◆侯生摂二敝衣冠一、直上、載二公子上坐一不レ譲。欲三以観二公子一。公子執レ轡愈恭。侯生又謂二公子一曰、「臣有三客在二市屠中一。願枉二車騎一過レ之」。公子引レ車入レ市。侯生下見二其客朱亥一、俾倪、故久立与二其客一語、微察二公子一。公子顔色愈和。当二是時一、魏将相・宗室賓客満レ堂、待二公子挙酒一。市人皆観二公子執レ轡、従騎皆窃罵二侯生一。侯生視二公子色終不レ変、乃謝レ客就レ車。

侯生《こうせい》はぼろぼろの衣冠《いかん》で身仕度し、遠慮なく乗りこみ、公子《こうし》の上座に座りこんで譲ろうともしなかった。そうすることで公子の態度を観察しようとしたのである。公子は［自分で］手綱をとり、ますます丁重にしていた。［そこで］侯生はさらに公子にいった、「わしには市場で肉屋をしている友人がおります。車を回してそちらに立ち寄ってくださらんか」。公子は車を回して市場に入った。侯生は降りてその友人の朱亥《しゆがい》に会い、横目でちらちらと［公子を］見ながら、わざと長い間その友人と立ち話をし、こっそりと公子の態度を観察した。［しかし］公子の表情はますます穏やかであった。そのころ、［公子の屋敷では］魏《ぎ》の将軍・大臣・王族たちの賓客が座敷いっぱいになり、公子が酒を飲み始めるのを待っていた。市場にいる人々はみな、公子が手綱をとって［侯生を待って］いるのを眺め、供の者たちはみな、かげで侯生を罵倒《ばとう》していた。侯生は公子の表情がいつまでも変わらないのを見とどけると、ようやく友人に別れを告げて車に乗った。

❖❖❖❖

出なおしてきた公子《こうし》に対し、侯嬴《こうえい》は感謝するどころか、無礼な態度を取り続けました。まずはずかずかと車の上席に乗りこみ、次いで友人に会うので市場に寄ってくれといい出します。当時の市場は、不特定多数の人々が出入りするために、猥雑《わいざつ》なところとされていました。時にはお尋ね者が身を隠すこともあり、公子のような身分の高い人が訪れる場所ではありません。そんなところに公子は唯々諾々と入って行ったのです。しかも、貧しくて卑しい身分の老人のショーファーとして。当然、市場の人々は好奇の目で公子を眺めます。従者たちは、いらだちながら侯嬴を罵《ののし》り始めます。一方、屋敷では、酒宴に招かれた高貴な賓客たちが、公子さまが案内してくる主賓は誰なのだろうと思いながら待ち焦がれています。場面は侯嬴と朱亥《しゆがい》から公子へ、さらに屋敷の賓客たち、市場の人々、従者たちへと目まぐるしく移り、その短いカットごとに人々の態度や心理を活き活《い》きと描写してゆく司馬遷の筆力は、まことにすばらしいと思います。清の呉見思《ごけんし》に『史記』の文章を論評した『史記論文《しきろんぶん》』という書物があり、彼も本段の文章を次のように称《たた》えています。

公子と侯嬴はいうに及ばず、待ち焦がれている賓客、公子を眺める市場の人々、かげで侯嬴を罵る従者たち、それらの様子が全面に光り輝くように描写されており、その時の人々の姿が永遠に生き続けているかのような印象を与えている。

もともと「魏公子列伝」は『史記』の中でも屈指の名文と称えられているのですが、本段はその白眉《はくび》というべきでしょう。

★左と右

中国古代の車の制度は、戦場で士官《しかん》が乗る兵車を基本として定められていました。兵車では、御者を中央にし、士官が弓矢を取って左側に乗りました。右側には剛力の者が刀剣や盾を持って護衛のために座りました。これを「参乗《さんじょう》」もしくは「車右《しゃゆう》」といい、たとえば「鴻門《こうもん》の会《かい》」でも活躍した樊噲《はんかい》は、劉邦《りゅうほう》の参乗を務めたことがあったと伝えられています（二三二ページ）。公子《こうし》が日ごろ乗っていた車でも、御者をはさんで公子が左側に座り、右側には従者が座っていたのでしょう。ところが今、公子は自分が御者となり、主人が座るべき左側の席を空けて侯嬴《こうえい》を迎えに出かけたのでした。侯嬴に対する敬意を示したわけです。

左と右とのどちらが上位なのかという問題は、よく論じられます。地位を下げることを「左遷」といい、最も優れた人を「右に出る者がない」というような例から考えると、右が上位のようです。しかし、左大臣は右大臣よりも格上で、こちらは左が上位になります。こうした例から想像できますように、左右のどちらを上位とするかは、時代や民族、また場合によって異なっていました。簡単に申しますと、戦国時代では一般に右が上位とされましたが、軍事に関する場合だけは左が上位でした。車の左側が上席であったのは、兵車の制度に則《のっと》っていたからです。秦《しん》から漢《かん》にかけては、軍事も含めて右が上位であったようです。ところが魏晋南北朝《ぎしんなんぼくちょう》時代以降は、一部の例外を除いて左が上位へと変わりました。「左遷」ということばの用例は『史記』や『淮南子《えなんじ》』など漢代の文献に初めてあらわれますから、右を上位としていた時代の情況を反映しているわけです。一方、日本古代の官僚制度は左を上位とした隋《ずい》・唐《とう》時代の律令《りつりょう》官制をモデルにして作られたので、左大臣が右大臣の上位に置かれたのです。

(3) 侯嬴《こうえい》の弁明

家《いえ》に至《いた》る。公子《こうし》　侯生《こうせい》を引《ひ》きて上坐《じょうざ》に坐《すわ》らしめ、偏《あまね》く賓客《ひんきゃく》に賛《さん》す。賓客《ひんきゃく》皆驚《みなおどろ》く。酒酣《さけたけなわ》にして、公子《こうし》起《た》ち、寿《じゅ》を侯生《こうせい》の前《まえ》に為《な》す。侯生因《こうせいよ》りて公子《こうし》に謂《い》いて曰《いわ》く、「今日《こんにち》嬴《えい》の公子《こうし》の為《ため》にすること亦足《またた》れり。嬴《えい》は乃《すなわ》ち夷門《いもん》の抱関《ほうかん》者《しゃ》なり。而《しか》るに公子《こうし》親《した》しく車騎《しゃき》を枉《ま》げ、自《みずか》ら嬴《えい》を衆人広坐《しゅうじんこうざ》の中《なか》に迎《むか》う。宜《よろ》しく過《よぎ》る所有《ところあ》るべからざるに、今《いま》公子《こうし》故《ことさ》らにこれを過《よぎ》る。然《しか》れども嬴《えい》公子《こうし》の名《な》を就《な》さんと欲《ほっ》し、故《ことさ》らに久《ひさ》しく公子《こうし》の車騎《しゃき》を市中《しちゅう》に立《た》て、客《きゃく》を過《よぎ》りて以《もっ》て公子《こうし》を観《み》るに、公子《こうし》愈《いよいよ》恭《うやうや》し。市人《しじん》皆《みな》嬴《えい》を以《もっ》て小人《しょうじん》と為《な》し、公子《こうし》を以《もっ》て長者《ちょうじゃ》にして能《よ》く士《し》に下《くだ》ると為《な》すなり」と。ここに於《お》いて酒《さけ》を罷《や》め、侯生《こうせい》遂《つい》に上客《じょうきゃく》と為《な》る。

侯生《こうせい》公子《こうし》に謂《い》いて曰《いわ》く、「臣《しん》の過《よぎ》りし所《ところ》の屠者《としゃ》の朱亥《しゅがい》、この子《し》は賢者《けんじゃ》なれども、世《よよ》能《よ》く知《し》るなし。故《ゆえ》に屠間《とかん》に隠《かく》るるのみ」と。公子《こうし》往《ゆ》きて数《しばしば》これを請《まね》けども、朱亥《しゅがい》故《ことさ》らに復《ま》た謝《しゃ》せず。公子《こうし》これを怪《あや》しむ。

◆至㆑家。公子引㆓侯生㆒坐㆓上坐㆒、偏賛㆓賓客㆒。賓客皆驚。酒酣、公子起、為㆓寿侯生前㆒。侯生因謂㆓公子㆒曰、「今日嬴之為㆓公子㆒亦足矣。嬴乃夷門抱関者也。而公子親枉㆓車騎㆒、自迎㆓嬴於衆人広坐之中㆒。不㆑宜㆑有㆑所㆑過、今公子故過㆑之。

然嬴欲レ就二公子之名一、故久立二公子車騎市中一、過レ客以観二公子一、公子愈恭。市人皆以レ嬴為二小人一、而以二公子一為二長者能下レ士也一。於レ是罷レ酒、侯生遂為二上客一。

侯生謂二公子一曰、「臣所レ過屠者朱亥、此子賢者、世莫二能知一。故隠二屠間一耳」。公子往数請レ之、朱亥故不二復謝一。公子怪レ之。

屋敷に着いた。公子《こうし》は侯生《こうせい》を案内して上座につかせ、賓客全員に紹介した。賓客たちはみな驚いた。酒宴たけなわのころ、公子は立ち上がり、侯生の前に進み出て長寿の祝いを述べた。侯生はその機会に公子にいった、「今日、わたくしが公子さまのためにいたしましたことは、充分でございましたでしょう。わたくしはと申せば、夷門《いもん》の門番でございます。それなのに公子さまは、御《おん》みずからお車を差し向けて、人もたくさんおります中まで、わたくしをじきじきにお迎えくださいました。寄り道なぞいたしてよいわけはございませんのに、今しがた公子さまは、わざわざ友人のところにお立ち寄りくださいました。されどわたくし、公子さまのお名前を上げたいと思い、わざと長いあいだ公子さまご一行を市場の中に立ち止まらせ、友人のところに立ち寄って公子さまのご様子を観察いたしておりましたが、公子さまはますます丁重にしていらっしゃいました。市場の者どもはみな、わたくしをつまらぬ輩《やから》と思い、公子さまを高徳で士にへりくだることのできる御仁《ごじん》と思うておりましたぞ」。そこで酒宴はお開きとなり、侯生はこうして上客となった。

侯生は公子にいった、「わたくしが立ち寄りました肉屋の朱亥《しゅがい》、あの者は優れた人物でございますが、世間にはそれをわかる者がおりません。そのため、肉屋ふぜいの中に身を隠しておるのです」。公子は出向いてゆき、たびたび彼を招いたが、朱亥はわざと礼もいわなかった。公子はそれを不思議に思っていた。

❖❖❖❖

場面は公子《こうし》の屋敷での酒宴へと移り、ここで一連の無礼の理由が侯嬴《こうえい》自身の口から語られます。侯嬴はこれまで、公子をあれこれと試してきたのでした。先に述べたように、侯嬴たち士《し》は、自分の能力を正当に評価してくれる主人を求めていました。そして評価の指標は、ほとんどの場合が財貨や地位などの、いわば物質的なものでした。物質的により良い待遇を求めて士は遊歴《ゆうれき》を続け、主人の側でもそれをちらつかせながら彼らを招こうとしたのです。『史記』にはこんな話が出ています。

趙《ちょう》の平原君《へいげんくん》の使者が楚《そ》の春申君《しゅんしんくん》のところにやって来た。春申君は使者を上客のための宿舎に泊めた。使者は自慢しようと思い、タイマイの簪《かんざし》を挿し、鞘《さや》に宝石や真珠をちりばめた刀を帯《は》いて春申君の客を招待した。訪れた春申君の客は三千人あまり、上位の客は全員が真珠をちりばめた靴をはいていた。使者はすっかり面目を失った。

「春申君列伝」の一節です。春申君と平原君が「戦国四君《せんごくしくん》」中の二人であったことはすでに紹介したとおりです。彼らはともに客の多さを誇り、相手よりも一人でも多くの客を配下に招こうと競い合っていました。ですから、平原君の使者が豪華な宝飾を自慢しようとしたのは恐らく主人のさしがねで、平原君は「わしのところに来れば、こんなにすばらしい待遇をしてやるぞ」と春申君の客たちを勧誘するつもりだったのでしょう。ところが春申君はその上をゆき、「うちの待遇はもっとすばらしいぞ」と切り返したわけです。

しかし、侯嬴が公子に求めていたものは、財貨や地位ではありませんでした。公子と自分との精神的な結びつきだったのです。無礼な行為を繰り返しながら、そのたびに公子を観察し、公子の態度や表情が終始温和なことを見て取るや、侯嬴は「ああ、この方は、わたしを心の底から信頼してくださっているのだ」と確信したのです。それは同時に、侯嬴が公子の人柄に魅せられた瞬間でもありました。こうして相互の信頼という精神的なきずなで結ばれた二人の活躍が、いよいよ始まります。

(4)　趙《ちょう》の危機

魏《ぎ》の安釐《あんき》王《おう》の二十年《にじゅうねん》、秦《しん》の昭王《しょうおう》已《すで》に趙《ちょう》の長平《ちょうへい》の軍《ぐん》を破《やぶ》り、又《また》兵《へい》を進《すす》めて邯鄲《かんたん》を囲《かこ》む。公子《こうし》の姉《あね》は趙《ちょう》の恵文王《けいぶんおう》の弟《おとうと》の平原君《へいげんくん》の夫《ふ》人《じん》為《た》りて、数《しばしば》魏《ぎ》王《おう》及《およ》び公子《こうし》に書《しょ》を遺《おく》り、救《すく》いを魏《ぎ》に請《こ》う。魏《ぎ》王《おう》将軍晋鄙《しょうぐんしんぴ》をして十万《じゅうまん》の衆《しゅう》を将《ひき》いて趙《ちょう》を救《すく》わ使《し》む。秦王《しんおう》使者《ししゃ》をして魏王《ぎおう》に告《つ》げ使《し》めて曰《いわ》く、「吾《われ》趙《ちょう》を攻《せ》め、旦暮《たんぼ》にして且《まさ》に下《くだ》さんとす。諸侯《しょこう》の敢《あ》えて救《すく》う者《もの》あらば、已《すで》に趙《ちょう》を抜《ぬ》きて、必《かなら》ず兵《へい》を移《うつ》して先《ま》ずこれを撃《う》たん」と。魏《ぎ》王恐《おうおそ》れ、人《ひと》をして晋鄙《しんぴ》を止《とど》め使《し》め、軍《ぐん》を留《とど》めて鄴《ぎょう》に壁《へき》せしむ。名《な》は趙《ちょう》を救《すく》うと為《な》せども、実《まこと》は両端《りょうたん》を持《じ》して以《もっ》て観望《かんぼう》せり。

◆魏安釐王二十年、秦昭王已破㆓趙長平軍㆒、又進㆑兵囲㆓邯鄲㆒。公子姉為㆓趙恵文王弟平原君夫人㆒、数遺㆓魏王及公子書㆒、請㆓救於魏㆒。魏王使㆘将軍晋鄙将㆓十万衆㆒救㆖趙。秦王使㆔使者告㆓魏王㆒曰、「吾攻㆑趙、旦暮且㆑下。而諸侯敢救者、已抜㆑趙、必移㆑兵先撃㆑之」。魏王恐、使㆔人止㆓晋鄙㆒、留㆑軍壁㆑鄴。名為㆑救㆑趙、実持㆓両端㆒以観望。

魏《ぎ》の安釐王《あんきおう》の二十年、秦《しん》の昭王《しょうおう》は趙《ちょう》の長平《ちょうへい》にいた軍隊を殲滅《せんめつ》した後、さらに兵を進めて［趙の都の］邯鄲《かんたん》を包囲した。公子《こうし》の姉は趙の恵文王《けいぶんおう》の弟の平原君《へいげんくん》の夫人であったので、たびたび魏王と公子に手紙を送り、魏に救援を求めた。魏王は将軍の晋鄙《しんぴ》をつかわし、十万の軍勢を率いて趙を救援させることにした。［すると］秦王は使者をつかわして魏王に通告した、「わしは趙を攻撃し、すぐにも攻め落とせる情勢になっておる。諸侯のうちで［趙を］救援しようなどとする者がおれば、趙を攻め落とした後、必ずそちらに矛先を向け、真っ先に攻撃するぞ」。魏王は恐れ、使者をつかわして晋鄙に停止を命じ、鄴《ぎょう》にとりでを築いて駐屯《ちゅうとん》させた。名目は趙を救援するということだったが、実際はふたまたをかけて日和見していたのである。

❖❖❖❖

魏《ぎ》の安釐王《あんきおう》の二十年、趙《ちょう》では孝成王《こうせいおう》の九年（前二五七年）の記事。趙の都の邯鄲《かんたん》（現在の河北《かほく》省邯鄲市）が秦《しん》の大軍に包囲され、魏に救援を求めてきた時の記事です。ここでは、それに先立つ「長平《ちょうへい》の戦い」について、『史記』の「趙世家《ちょうせいか》」や「白起《はっき》・王翦列《おうせんれつ》伝《でん》」「廉頗《れんぱ》・藺相如列伝《りんしょうじょれつでん》」などを使って説明しておきましょう。

本段の記事の五年前にあたる前二六二年（秦昭王四十五年、趙孝成王四年、魏安釐王十五年）、秦の名将白起《はっき》の率いる軍隊が韓《かん》を攻め、韓の上党郡《じょうとう》（現在の山西省《さんせい》長治市《ちょうち》付近）は孤立しました。そのため、上党の長官であった馮亭《ふうてい》は、領民を引き連れて帰属したいと趙に申し出ました。趙が上党を編入すれば、秦の矛先は韓から趙に向くだろうと考えたのです。趙の側では賛否が分かれましたが、平原君《へいげんくん》が「労せずして一郡を手に入れられるのですから、受諾するのがよいでしょう」と強く勧めたため、孝成王は馮亭の申し出を受諾することに決めました。すると案の定、秦は上党を横取りした趙に矛先を向け、前二六〇年に上党を陥《おと》して趙の長平の地（現在の山西省高平《こうへい》市付近）に迫りました。

長平を守っていたのは趙の名将廉頗《れんぱ》です。彼は土塁を築き、持久戦に持ちこみました。持久戦になると遠征している秦には不利です。そこで秦は趙に間者《スパイ》を送りこみ、「秦が恐れているのは、馬服君趙奢《ばふくくんちょうしゃ》の息子の趙括《ちょうかつ》が将軍になることだけだ。廉頗であれば与《くみ》しやすく、じきに降伏するだろう」とふれ回らせました。趙奢も趙の名将として知られ、以前に韓が秦の攻撃を受けた時、その救援に成功した功績で馬服君の称号を賜った人物です。

息子の趙括は幼少のころから兵法を学び、父をもい負かすほどでしたが、父は息子が将軍の器でないことを見抜いていました。趙括が軍事を軽率に考えていたためです。秦もそれを知っていて、間者を使って流言を広めたのでしょう。ところが、孝成王はその策略にまんまとはまり、趙括を廉頗と交代させてしまったのです。

こうして廉頗を排除することに成功した秦は、白起を総大将として長平に攻め寄せま

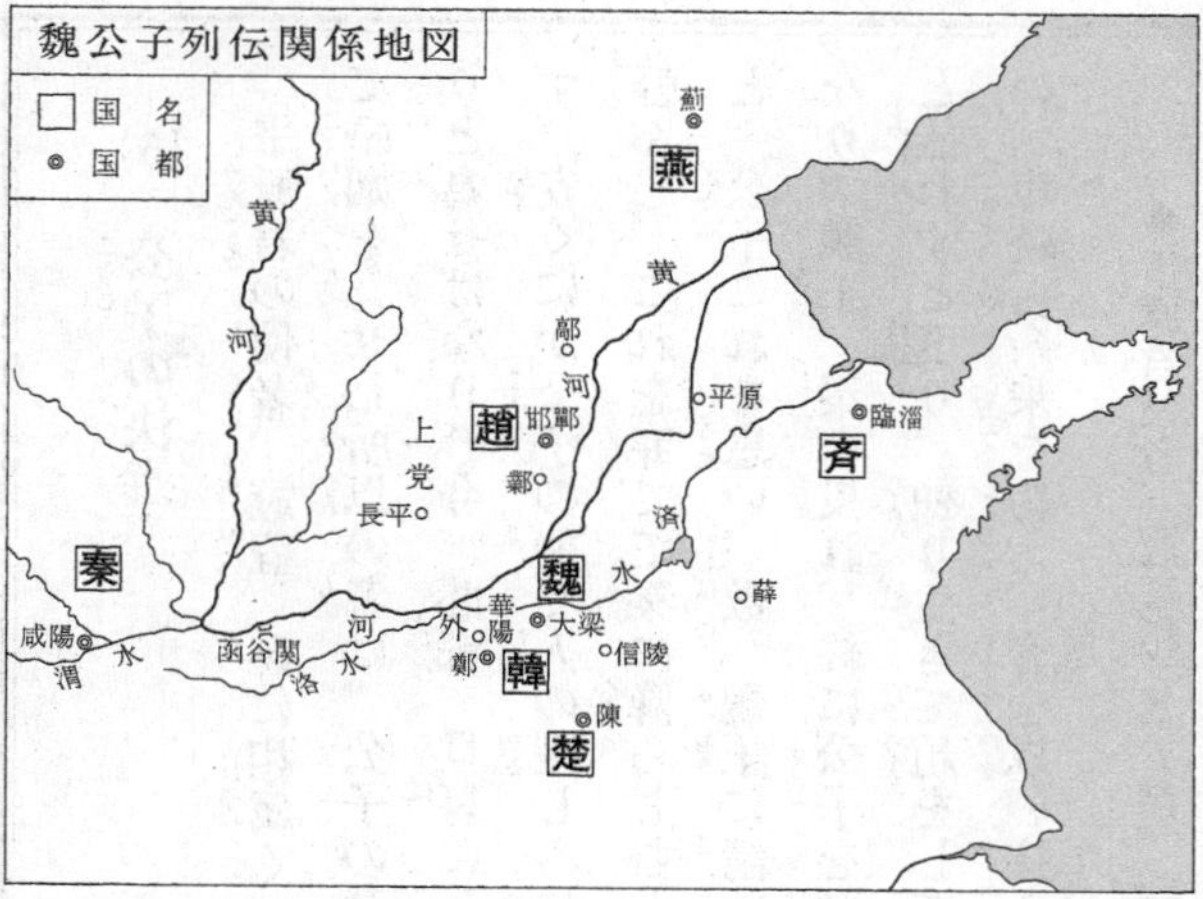

魏公子列伝関係地図

した。趙括は反撃に出たものの、あえなく戦死し、趙の四十万の大軍は秦に降伏しました。秦はそのうち年少の二百四十人だけを除き、残りをすべて生き埋めにして殺してしまいました。もともと趙の軍隊は、孝成王の祖父の武霊王《ぶれいおう》（前三二五～前二九九年在位）が編成した騎兵隊を中核とし、一時は戦国最強を謳《うた》われたこともあったのですが、その大半を一瞬にして失ったわけです。これが「長平の戦い」で、戦国時代の数ある戦闘の中でも最大の犠牲者を出した一戦として知られています。

(5) 公子《こうし》の決意

平原君《へいげんくん》の使者《ししゃ》、冠蓋《かんがい》魏《ぎ》に相属《あいつづ》く。魏公子《ぎこうし》を譲《せ》めて曰《いわ》く、「勝《しょう》の自《みずか》ら附《ふ》して婚姻《こんいん》を為《な》せし所以《ゆえん》の者《もの》は、公子《こうし》の高義《こうぎ》なるを以《もっ》て、能《よ》く人《ひと》の困《くる》しみに急《きゅう》なりと為《な》せばなり。今《いま》邯鄲《かんたん》旦暮《たんぼ》にして秦《しん》に降《くだ》らんとするに、魏《ぎ》の救《すく》い至《いた》らず。安《いず》くにか公子《こうし》の能《よ》く人《ひと》の困《くる》しみに急《きゅう》なること在《あ》る。且《か》つ、公子《こうし》縦《たと》い勝《しょう》を軽《かろ》んじ、これを弃《す》てて秦《しん》に降《くだ》らしむとも、独《ひと》り公子《こうし》の姉《あね》を憐《あわ》れまざらんや」と。公子《こうし》これを患《うれ》い、数《しばしば》魏王《ぎおう》に請《こ》い、及《およ》び賓客《ひんきゃく》・弁士《べんし》も王《おう》に説《と》くこと万端《ばんたん》なり。魏王《ぎおう》秦《しん》を畏《おそ》れ、終《つい》に公子《こうし》を聴《き》かず。公子《こうし》自《みずか》ら終《つい》にこれを王《おう》に得《う》ること能《あた》わずと度《はか》り、独《ひと》り生《い》きて趙《ちょう》をして亡《ほろ》び令《し》めざらんと計《はか》り、乃《すなわ》ち賓客《ひんきゃく》に請《こ》い、車騎《しゃき》百余乗《ひゃくよじょう》を約《ととの》え、客《きゃく》を以《ひき》い往《ゆ》きて秦軍《しんぐん》に赴《おもむ》き、趙《ちょう》と倶《とも》に死《し》せんと欲《ほっ》す。

◆平原君使者、冠蓋相二属於魏一。譲二魏公子一曰、「勝所三以自附為二婚姻一者、以二公子之高義一、為三能急二人之困一。今邯鄲旦暮降レ秦、而魏救不レ至。安在三公子能急二人之困一也。且公子縦軽レ勝、弃レ之降レ秦、独不レ憐二公子姉一邪」。公子患レ之、数請二魏王一、及賓客・弁士説レ王万端。魏王畏レ秦、終不レ聴二公子一。公子自度二終不レ能レ得二之於王一、計レ不三独生而令二趙亡一、乃請二賓客一、約二車騎百余乗一、欲下以客往赴二秦軍一、与レ趙倶死上。

平原君《へいげんくん》からの使者は、引きも切らずに魏《ぎ》へやってきた。［彼らは］魏《ぎ》公子《こうし》を非難した、「わたくし趙勝《ちょうしょう》がすすんで［公子どのの姉上と］婚姻を結びましたわけは、公子どのは道義心の高いお方だから、人の難儀に率先して駆けつけてくださると考えたからであります。今や、邯鄲《かんたん》はすぐにも秦《しん》に降伏しようとしておりますのに、魏の援軍はやってまいりません。公子どのは人の難儀に率先して駆けつけてくださるお方ではなかったのですな。それに、公子どのがたとえわたくしを軽んじ、見捨てて秦に降伏させなさるとしましても、公子どのの姉上をば憐れとは思われませぬのか」。公子は心を痛め、たびたび魏王に要請し、客や弁士たちも手立てを尽くして魏王に進言した。［しかし］魏王は秦を恐れ、どうしても公子の要請を聴きいれなかった。公子は、趙《ちょう》の救援は結局王に了承してもらえないだろうと判断し、自分だけが生き残って趙を滅亡させるようなことはするまいと考えた。そこで客にたのみ、百輛《りょう》あまりの車騎を準備し、客を引き連れて秦の軍に立ち向かい、趙と運命をともにして死のうと決意した。

❖❖❖❖

前段で触れたように、趙《ちょう》が長平《ちょうへい》で軍隊の大半を失い、都の邯鄲《かんたん》までが包囲される失態を招いたのは、もとはといえば平原君《へいげんくん》が上党《じょうとう》の編入に賛成したためでした。「平原君列伝」の論賛《ろんさん》で、司馬遷は次のように論評しています。

平原君は汚《けが》れた世には稀《まれ》な、才智に富んだ貴公子であった。しかし、ものごとの本質を見抜く目に欠けていた。世俗のことわざに「利欲は智恵をくらます」というのがある。平原君は馮亭《ふうてい》の邪説に欲を出したため、長平の四十万あまりの大軍を潰滅《かいめつ》させ、都の邯鄲を陥落寸前にまで追いこんだのである。

厳しい論評ですが、正鵠《せいこく》を射ているように思います。とはいえ、平原君が秦軍の迫る邯鄲で手をこまねいていたわけではありません。名誉の挽回《ばんかい》に必死だったのです。本段の「冠蓋相属」の「冠《かん》」は使者のかぶりもの、「蓋《がい》」は車の覆《おお》いで、「属《しょく》」は連なるの意味です。使者のかぶりものや車の覆いが連なって見えるほど頻繁に、平原君は魏へ救援の要請を出し続けました。そして自身は、救援の直談判をするために楚《そ》へと赴きました。

結果を先に申しますと、平原君の労苦は見事に報われ、陥落寸前であった邯鄲は、公子が率いた魏の援軍と春申君《しゅんしんくん》が率いた楚の援軍のおかげで助かったのでした。平原君は失態のいくばくかを償うことができたわけです。厳しい論評を加えた司馬遷も、その点は公平に評価しています。平原君の名誉のために、「太史公自序《たいしこうじじょ》」に記された司馬遷のことばを引用して本段を結びましょう。

馮亭のことで諫争《かんそう》したのは正道にはずれていたが、楚に赴いて邯鄲の包囲を解かせ、主君を諸侯に復帰させた。［これは平原君の功績である。そのためわたしは］「平原君・虞卿《ぐけい》列伝」第十六を作った。

★「嚢中《のうちゅう》の錐《きり》」――平原君《へいげんくん》のこと

平原君・趙勝《ちょうしょう》は武霊王《ぶれいおう》の子で恵文王《けいぶんおう》（前二九八～前二六六年在位）の弟、当時の孝成王《こうせいおう》（前二六五～前二四五年在位）の叔父《おじ》にあたります。

一一四ページで見たように、彼も大勢の客を集めており、救援要請のために楚《そ》へ赴く際、その中から二十人を選抜して連れて行くことにしました。ところが、十九人までは決まったものの、最後の一人が決まりません。そこへ毛遂《もうすい》という客が進み出てきました。平原君が「賢者というのは、たとえば錐《きり》が袋の中にあるようなもので、穂先がすぐに突き出てくるものじゃ。先生はわしの門下に三年もおるが、ほめる者はなく、わしも聞いたことがない。先生には才能がないのだろう。先生はだめじゃ。先生は残れ」というと、毛遂は「わたくしは今日、袋に入れていただきたいとお願いしておるのです。もっと早くに入れていただいておれば、穂先どころか、柄《え》の根元まで突き出しておりましたでしょう」と切り返しました。こうして毛遂は同行を許されたのです。他の十九人は彼を軽蔑《けいべつ》していましたが、毛遂は道中で全員を論破してしまいました。

楚に着くと、平原君は早速に援軍出兵の交渉に入りました。しかし、まる一日たっても色よい返事が得られません。そこで十九人が毛遂に「先生、出番ですぞ」というと、彼は剣を手にして殿上に昇り、楚王を叱咤《しった》してたちまちのうちに交渉をまとめてしまいました。こうして楚は春申君《しゅんしんくん》を将軍とする援軍を趙に派遣することになったのです。帰国後、平原君は毛遂の能力を見抜けなかったことを恥じ、「わしは二度と士の見立てをするまい」といったと「平原君列伝」は伝えています。

右の故事から生まれたのが「嚢中《のうちゅう》の錐《きり》」という成語です。「能力がある者は、いつかは必ず頭角を現わすものだ」という意味で、「錐《きり》、嚢《ふくろ》を通《とお》す」「錐《きり》、袋《ふくろ》にたまらず」などと表現されることもあります。

＊　＊　＊

趙《ちょう》の救援に出立した公子《こうし》は、夷門《いもん》に立ち寄って決意のほどを侯嬴《こうえい》に告げました。すると侯嬴は「公子さま、しっかりとおやりなされ。おいぼれはご一緒できませぬ」とだけ語り、すげなく送り出しました。公子はそのまま数里進んだものの、侯嬴へのもてなし方が悪かったのだろうかと気になり、引き返しました。侯嬴は笑いながら、「わたくしには、初めから公子さまが戻ってこられるとわかっておりましたぞ」と出迎えました。公子は自分のことを信頼してくれているから、策略を聞くために帰ってくると確信していたのです。そして侯嬴は、その信頼に応《こた》えて秘策を公子に授けました。

(6)　侯嬴《こうえい》の秘策

公子《こうし》再拝《さいはい》して因《よ》りて問《と》う。侯生《こうせい》乃《すなわ》ち人《ひと》を屏《しりぞ》け間語《かんご》して曰《いわ》く、「嬴聞《えいき》く、晋鄙《しんぴ》の兵符《へいふ》は常《つね》に王《おう》の臥内《がない》に在《あ》り、而《しこ》うして如姫《じょき》最《もっと》も幸《こう》せられ、王《おう》の臥内《がない》に出入《しゅつにゅう》す、と。力《ちから》能《よ》くこれを窃《ぬす》まん。嬴聞《えいき》く、如姫《じょき》の父《ちち》　人《ひと》の殺《ころ》す所《ところ》と為《な》りて、如姫《じょき》これに資《し》すること三年《さんねん》、王《おう》より以下《いか》、求《もと》めてその父《ちち》の仇《あだ》に報《むく》いんと欲《ほっ》するも、能《よ》く得《う》るなし。如姫《じょき》　公子《こうし》の為《ため》に泣《な》き、公子《こうし》　客《きゃく》をしてその仇《あだ》の頭《こうべ》を斬《き》ら使《し》め、敬《つつし》みて如姫《じょき》に進《すす》む、と。如姫《じょき》の公子《こうし》の為《ため》に死《し》せんと欲《ほっ》すること辞《じ》する所《ところ》なきも、顧《た》だ未《いま》だ路有《みちあ》らざるのみ。公子《こうし》誠《まこと》に一《ひと》たび口《くち》を開《ひら》きて如姫《じょき》に請《こ》わば、如姫《じょき》必《かなら》ず許諾《きょだく》せん。則《すなわ》ち虎符《こふ》を得《え》て晋鄙《しんぴ》の軍《ぐん》を奪《うば》い、北《きた》のかた趙《ちょう》を救《すく》いて西《にし》のかた秦《しん》を卻《しりぞ》けん。これ五覇《ごは》の伐《ばつ》なり」と。公子《こうし》その計《けい》に従《したが》いて如姫《じょき》に請《こ》う。如姫《じょき》果《は》たして晋鄙《しんぴ》の兵符《へいふ》を盗《ぬす》みて公子《こうし》に与《あた》う。

◆公子再拝因問。侯生乃屏レ人間語曰、「嬴聞、晋鄙之兵符常在二王臥内一、而如姫最幸、出二入王臥内一。力能窃レ之。嬴聞、如姫父為二人所一レ殺、如姫資レ之三年、自レ王以下、欲三求報二其父仇一、莫二能得一。如姫為二公子一泣、公子使三客斬二其仇頭一、敬進二如姫一。如姫之欲下為二公子一死上無レ所レ辞、顧未レ有レ路耳。公子誠一開レ口請二如姫一、如姫必許諾。則得二虎符一奪二晋鄙軍一、北救レ趙而西卻レ秦。此五覇之伐也」。公子従二其計一請二如姫一。如姫果盗二晋鄙兵符一与二公子一。

公子《こうし》は再拝し、そして教えを請うた。すると侯生《こうせい》は人ばらいをしてこっそりと告げた、「わたくしが聞きおよびますには、晋鄙《しんぴ》どのの兵符《へいふ》はいつも王さまの寝室に置かれており、如姫《じょき》どのが［王さまの］一番のお気に入りで、王さまの寝室に出入りなさるとか。［如姫どのなら］兵符を盗み出せるでしょう。また、わたくしが聞きおよびますには、如姫どのの父上が人に殺されたので、如姫どのは三年間、仇討《あだう》ちのために資財を注ぎこんでこられ、王さま以下の人々が仇《かたき》を捕まえて仇討ちをしてやろうとなさいましたが、捕まえられませんでした。如姫どのは公子さまに泣きつかれ、公子さまはお客人に命じてその仇の首を斬らせ、うやうやしく如姫どのに献上なされたとか。如姫どのは公子さまのためなら進んで命を投げ出すおつもりですが、その機会がないだけなのです。もし、公子さまが一言たのむとおっしゃれば、如姫どのは必ず承知いたしましょう。さすれば虎符《こふ》を手に入れて晋鄙どのの軍隊を奪い、北では趙《ちょう》を救い、西では秦《しん》を撃退できましょう。これは春秋の五覇《ごは》にも匹敵するご功績ですぞ」。公子はその計略に従って如姫にたのんだ。如姫は侯生がいったとおり、晋鄙の兵符を盗んで公子に与えた。

❖❖❖❖

戻ってきた公子《こうし》に侯嬴《こうえい》が授けた秘策は、「兵符《へいふ》」を盗み出して晋鄙《しんぴ》の軍隊を奪えというものでした。兵符とは一種の割り符《わふ》で、将軍が出陣する時に君主と将軍とが片方ずつを持ち、双方が送る使者の身分証明に用いられたものです。軍隊の勇猛さを示すために虎の形をした青銅器を使うことが多く、「虎符《こふ》」とも呼ばれました。次ページの写真は秦《しん》の虎符で、背中から左右に分かれ、「甲兵《こうへい》の符《ふ》、右《みぎ》は皇帝《こうてい》に在《あ》り、左《ひだり》は陽陵《ようりょう》に在《あ》り」という文字が金象嵌《きんぞうがん》されているのが見えますから、陽陵（現在の河南《かなん》省許昌《きょしょう》市付近）に駐屯した将軍に携行させるための虎符だったことがわかります。

公子のために兵符を盗み出したのは、かって公子に父の仇を討ってもらった如姫《じょき》という女性でした。魏《ぎ》王を始めとするお歴々が八方手を尽くしても捕らえることができなかったのは、相手が裏社会に潜んでいたためでしょう。それを公子がたやすく捕らえて殺せた理由は、公子の客の中に裏社会の事情に精通していた者がいたからに違いありません。公子自身は人格者でしたが、三千人もの客の中には怪しげな者も相当に交じっていたはずですし、そうした連中をうまく使いこなしてこそ、公子を始めとする「戦国四君《せんごくしくん》」は権力を保持することができたのです。

　怪しげな面々を客として抱えたことで有名なのは、「鶏鳴狗盗《けいめいくとう》」の故事で知られる孟嘗君《もうしょうくん》・田文《でんぶん》です。彼は斉《せい》の王族で、薛《せつ》という土地の領主でした。公子たちよりは少し先輩に当たりますが、彼も士《し》を好み、数千人の客を集めました。その中には亡命者や犯罪者が多く含まれ、そのため薛は後々まで風紀の悪い土地であったようです。司馬遷は「孟嘗君列伝」の論賛《ろんさん》で、次

秦の虎符

のような体験を語っています。

わたしは以前、薛の地を通ったことがある。そこの風俗として、村里に乱暴な若者が多く、〔孟子の故郷の〕鄒《すう》や〔孔子の故郷の〕魯《ろ》とは違っていた。そのわけをたずねると、孟嘗君が天下の俠客《きょうかく》を招き、六万家あまりの悪党が薛に入りこんだからだ、とのことであった。世に、孟嘗君が客を好んでみずから楽しんだと伝えているのは、虚名ではなかったのだ。

司馬遷が薛を訪れたのは、青年時代に各地を歴訪した途上でのことでした（一一ページ）。それが何年であったのか、正確にはわかりませんが、孟嘗君が活躍した時代から百五十年ほどたっていたものと思われます。それだけの年月を経ても薛の風紀が変わらなかったのは、やはり驚くべきことです。ひとたび蒔《ま》かれた悪の種を刈り取るのは、ことほど左様に難しいということなのでしょうか。

★「鶏鳴狗盗《けいめいくとう》」――孟嘗君《もうしょうくん》のこと

「鶏鳴狗盗」の故事は「孟嘗君列伝」に出ています。有名な話ですからご存じの方が多いとは思いますが、この機会にあらすじを紹介しておきましょう。

孟嘗君の評判を聞いた秦《しん》の昭王《しょうおう》（前三〇六～前二五一年在位）は、ある時、彼を秦に招いて宰相に任命しました。ところが、孟嘗君は斉《せい》の王族だから母国のことを優先し、秦を後まわしにするだろうと意見した人がおり、そのため秦王は心がわりをして孟嘗君を幽閉してしまいました。孟嘗君が秦王の愛妾《あいしょう》にたのんで取りなしてもらおうとすると、「あなたがお持ちの狐白裘《こはくきゅう》をくだされば」との返事。「狐白裘」というのは狐のわきの下の白い毛だけを集めて作った高級なコートで、特に孟嘗君が持っていたのは天下に二つとない逸品でした。しかし、くだんの狐白裘は秦王に献上した後だったのです。孟嘗君は客たちに相談しましたが、誰にも名案はありません。すると、最も下座にいた一人の客が、「おれなら狐白裘を盗み出せるぞ」と声を上げました。彼は犬のふりをして盗みをはたらくのが得意な「狗盗《くとう》」で、その夜のうちに宮中の倉庫に忍びこみ、狐白裘を見事に盗み出してきました。孟嘗君はそれを秦王の愛妾に贈り、彼女の取りなしで無事に釈放してもらうことができたのです。

こうして釈放された孟嘗君は、客を引き連れて帰国の途に就き、夜半に秦の国境の関所、函谷関《かんこくかん》に着きました。後からは、孟嘗君を釈放したことを後悔した秦王の追っ手が迫ってきます。一刻も早く函谷関を抜けなければならないのですが、関所の門は一番鶏《どり》が鳴くまで開かない決まりでした。孟嘗君が困っていると、鶏の鳴きまね、つまり「鶏鳴《けいめい》」が得意な客が一声鳴いてみせました。するとあたりの鶏がつられて一斉に鳴きはじめ、関守は朝だと思って門を開いたのでした。

孟嘗君が「鶏鳴」「狗盗」の徒《ともがら》を客に加えた当初、他の客たちは二人と同格に扱われるのを恥じたのですが、この事件での二人の活躍を見て以来、彼らは孟嘗君の眼力に改めて感服したということです。

「鶏鳴狗盗」の話は日本でもよく知られ、『小倉百人一首《おぐらひゃくにんいっしゅ》』に収められた清少納《せいしょうな》言《ごん》の和歌、「夜《よ》をこめて鳥《とり》の空音《そらね》ははかるともよにあふ坂《さか》の関《せき》はゆるさじ」がそれを踏まえたものであることは、特に有名ですね。この和歌はもともと『枕草《まくらのそう》子《し》』（三巻本では一二九段、流布本では一三六段）に、能書家としても知られた大《だい》納《な》言《ごん》藤原《ふじわらの》行成《こうぜい》と交わした贈答の中の一首として出てきますし、勅撰集《ちょくせんしゅう》の四番目であった『後拾遺和歌集《ごしゅういわかしゅう》』にも第九三九番歌として収められています。

(7)　将《しょう》　外《そと》に在《あ》れば

公子《こうし》行《ゆ》かんとするに、侯生《こうせい》曰《いわ》く、「将《しょう》　外《そと》に在《あ》れば、主令《しゅれい》も受《う》けざる所有《ところあ》り、と。国家《こっか》に便《べん》なるを以《もっ》てなり。公子《こうし》即《たと》い符《ふ》を合《あ》わすも、晋鄙《しんぴ》　公子《こうし》に兵《へい》を授《さず》けずして復《ま》たこれを請《と》わば、事必《ことかなら》ず危《あや》うからん。臣《しん》の客《きゃく》の屠者《としゃ》の朱亥《しゅがい》、与《とも》に倶《とも》にす可《べ》し。この人《ひと》は力士《りきし》なり。晋鄙《しんぴ》聴《き》かば、大《おお》いに善《よ》し。聴《き》かずんば、これを撃《う》た使《し》む可《べ》し」と。ここに於《おい》て公子《こうし》泣《な》く。侯生《こうせい》曰《いわ》く、「公子《こうし》　死《し》を畏《おそ》るるか。何《なん》ぞ泣《な》くや」と。公子《こうし》曰《いわ》く、「晋鄙《しんぴ》は嚄唶《かくさく》たる宿将《しゅくしょう》なり。往《ゆ》けども恐《おそ》らくは聴《き》かざらん。必《かなら》ず当《まさ》にこれを殺《ころ》すべし。ここを以《もっ》て泣《な》くのみ。豈死《あにし》を畏《おそ》れんや」と。

◆公子行、侯生曰、「将在レ外、主令有レ所レ不レ受。以レ便二国家一。公子即合レ符、而晋鄙不レ授二公子兵一而復請レ之、事必危矣。臣客屠者朱亥、可二与倶一。此人力士。晋鄙聴、大善。不レ聴、可レ使レ撃レ之」。於レ是公子泣。侯生曰、「公子畏レ死邪。何泣也」。公子曰、「晋鄙嚄唶宿将。往恐不レ聴。必当レ殺レ之。是以泣耳。豈畏レ死哉」。

公子《こうし》が出発しようとすると、侯生《こうせい》はいった、「将軍がひとたび出征すれば、主君の命令でも聴かない場合がある、と申します。国にとっての便宜を図ってのことです。公子さまがたとえ兵符《へいふ》を合わせ［身分を証明なさい］ましても、晋鄙《しんぴ》どのが公子さまに軍隊を引き渡さず、再度［王さまに］問い合わせるようなことになりましては、危険な事態になるのは必定です。わたくしの友人の肉屋の朱亥《しゅがい》を連れて行かれるのがよろしゅうございます。あの者は剛力です。晋鄙どのが聴きいれれば大いに結構。聴きいれなければ［朱亥に］殴り殺させればよろしいのです」。それを聞いて公子は泣いた。侯生はいった、「公子さま、死ぬのが恐ろしいのですか。どうしてお泣きなさる」。公子はいった、「晋鄙は意気さかんで経験豊富な将軍です。行ったところで多分聴きいれますまい。きっと殺さねばならなくなるでしょう。それで泣いているのです。死ぬのを恐れたりするものですか」。

❖❖❖❖

ことばの注釈から始めましょう。「嚄唶《かくさく》」は見慣れない語です。ここではひとまず雄壮なありさまと解釈しておきましたが、口数が多いとか、名声が高いなどと解釈する説もあります。よく似た語に「矍鑠《かくしゃく》」がありますが、こちらは老いてますます盛んなありさまをいいます。「嚄唶」も「矍鑠」も、ともに「－ａｋ」という母音で終わる漢字を重ねた漢語で、母音を共有する漢字を重ねたこのような漢語を「畳韻《じょういん》」と呼びます。また、「滑稽《こっけい》」や「躊躇《ちゅうちょ》」のように、子音を共有する漢字を重ねた漢語は「双声《そうせい》」と呼ばれます。そしてこれらはいずれも形容動詞・副詞として働くのです。わたしたちが日常で使うことばの中にも「双声」「畳韻」はたくさんありますから、試しに探してみられるとよいでしょう。

さて、晋鄙《しんぴ》の兵符《へいふ》を盗み出すことに成功した上で、侯嬴《こうえい》は公子に第二の秘策を授けました。侯嬴が引いた「将《しょう》外《そと》に在《あ》れば、主令《しゅれい》も受《う》けざる所有《ところあ》り」は兵法家がしばしば口にするもので、一般に孫子《そんし》のことばとして受け取られています。現存する『孫子』にはそのままの文章はないのですが、近いものでは『孫子』九変篇《きゅうへん》に「君命《くんめい》も受《う》けざる所有《ところあ》り――君主の命令でも聴かない場合がある」と出てきます。また『史記』孫子・呉起《ごき》列伝には、孫武《そんぶ》が呉王闔廬《ごおうこうりょ》に初めて目どおりした時、「将《しょう》軍《ぐん》に在《あ》れば、君命《くんめい》も受《う》けざる所有《ところあ》り――将軍が軍中にいる時には、君主の命令でも聴かないことがございます」と語ったことが記録されています。

現代のように通信手段が発達していない時代には、前線からいちいち君主の命令を仰いでいたのでは攻守進退の機を逸することになりかねません。ですから、このことばは出征した将軍の一般的な心得を述べたものと理解しておけばよいのでしょう。

しかし、歴史的には、より限定的な意味で理解されていたようです。唐《とう》の杜佑《とゆう》に『通《つ》典《てん》』という編著があります。古代から唐代に至るまでの諸制度の変遷を官制・礼制・兵制などの部門に分けて記録した全二百巻の大著です。その巻一五一に「敵《てき》に臨《のぞ》んで将《しょう》を易《か》う」という一項があり、そこには一一八ページで紹介した廉頗《れんぱ》と趙括《ちょうかつ》のことなど、敵を前にして将軍を交代させたために敗北した事例、逆に交代させなかったために勝利した事例が列挙され、その結びに「孫子曰く、将　軍に在れば、君命も受けざる所有り」の一文が置かれています。つまり、このことばは歴史上、「出征した将軍に対して君主から交代の命令が出されても、将軍は場合によってはそれを拒否できる」という意味で理解されていたのです。今、将軍晋鄙の交代に関わる問題で侯嬴がこれを引いたのも、そうした理解の上に立ってのことだと考えれば、話の流れをつかみやすいのではないでしょうか。

(8)　客の心意気

ここに於《おい》て公子《こうし》　朱亥《しゆがい》に請《こ》う。朱亥《しゆがい》笑《わら》いて曰《いわ》く、「臣《しん》は迺《すなわ》ち市井《しせい》の刀《かたな》を鼓《こ》する屠者《としや》なり。而《しか》るに公子《こうし》親《した》しく数《しばしば》　これを存《と》う。報謝《ほうしや》せざりし所以《ゆえん》の者《もの》は、以《もつ》て小礼《しようれい》用《もち》うる所《ところ》なしと為《な》せばなり。今《いま》　公子《こうし》　急有《きゆうあ》り。これ乃《すなわ》ち臣《しん》命《いのち》を効《いた》すの秋《とき》なり」と。遂《つい》に公子《こうし》と倶《とも》にす。公子過《よぎ》りて侯生《こうせい》に謝《しゃ》す。侯生曰《こうせいいわ》く、「臣宜《しんよろ》しく従《したが》うべきも、老《お》いて能《あた》わず。請《こ》う、公子《こうし》の行日《こうじつ》を数《かぞ》え、晋鄙《しんぴ》の軍《ぐん》に至《いた》るの日《ひ》を以《もっ》て、北郷《ほっきょう》して自剄《じけい》し、以《もっ》て公子《こうし》を送《おく》らんことを」と。公子遂《こうしつい》に行《ゆ》く。

◆於レ是公子請二朱亥一。朱亥笑曰、「臣廼市井鼓レ刀屠者。而公子親数存レ之。所ヨ以不二報謝一者、以為二小礼無レ所レ用。今公子有レ急。此乃臣効レ命之秋也」。遂与二公子一倶。公子過謝二侯生一。侯生曰、「臣宜レ従、老不レ能。請数二公子行日一、以下至二晋鄙軍一之日上、北郷自剄、以送二公子一」。公子遂行。

こうして公子《こうし》は朱亥《しゆがい》に［同行を］たのんだ。朱亥は笑いながらいった、「わたくしはと申せば、市場で包丁をふるう肉屋です。なのに公子さまは、じきじきに何度もご訪問くださいました。お礼も申しませんでしたわけは、つまらぬ礼儀なぞ無用と考えたからです。今や公子さまの危機。今こそわたくしが命を捧《ささ》げる時であります」。こうして［朱亥は］公子に同行した。公子は侯生《こうせい》のもとに立ち寄って礼を述べた。侯生はいった、「わたくしもご一緒するのがよろしいのですが、老いぼれてかないませぬ。公子さまの行程を数え、晋鄙《しんぴ》どのの軍に到着なさった日に、北に向かってわが首をはね、それで公子さまへのはなむけとさせてください」。公子はとうとう出発した。

❖❖❖❖

侯嬴《こうえい》に勧められるままに公子《こうし》が朱亥《しゅがい》に同行をたのむと、朱亥は命がけの仕事であることを承知の上で快諾しました。実際、次段の晋鄙《しんぴ》を撲殺する場面を最後に朱亥の名前は出てこなくなりますから、その場で晋鄙の護衛兵に殺されたのではないかと思われます。存問を受けただけで、朱亥は公子の人柄に魅せられ、一命を捧げたのです。そして、侯嬴もまた、自決するつもりだと公子に告げました。危険な仕事を請け負った朱亥はともかく、侯嬴までがなぜ死ぬ必要があったのでしょうか。罪もないのに殺されることになるであろう晋鄙に詫《わ》びるためだとする説があります。また、仁者《じんしゃ》の公子が土壇場で晋鄙に哀れみをかけて大事を誤ることを危惧《きぐ》し、自身の覚悟を告げて公子にも覚悟を迫ったのだとする説もあります。わたしは後者に賛成です。この時の侯嬴の脳裏には、もはや公子のことしかなかったように感じられるからです。ともあれ、朱亥と侯嬴のことばには、主人が仕えるに値する人物だと判断するや、喜んで命をも捧げようとする客の心意気が示されていることだけは確かでしょう。

その一方で、こんな客もいました。先に見た廉頗《れんぱ》もたくさんの客を抱えていましたが、長平《ちょうへい》の戦いを前にして将軍職を解任されると、客たちは主人の権勢が衰えたことを知って離れてゆきました。ところが後に廉頗が復職すると、彼らは再び集まってきたのです。不快に思った廉頗は、彼らを追い払おうとしました。すると一人が次のようにいったそうです。「おや、あなたさまは今ごろ気づかれたのですか。世間の交際は商売と同じなのですよ（原文は、夫天下以二市道一交——それ天下《てんか》は市道《しどう》を以《もっ》て交《まじ》わる）。あなたに権勢があれば我々は従いますし、なければ離れます。それが道理というものです。どうして怨《うら》みに思われることがありましょうか」。「廉頗《れんぱ》・藺相如列伝《りんしょうじょれつでん》」の一節ですが、似たことばは「孟嘗君列伝《もうしょうくんれつでん》」などにも出てきます。

侯嬴や朱亥のように主人のためなら命も惜しまない公子の客と、そろばんずくで主人を選んでいた廉頗の客との間には、大きな違いがあるように見えます。しかし、根底では一つに繋《つな》がっていたのではないでしょうか。主人に命を捧げるのも、見捨てて立ち去るのも、要は自分の意志次第だというところで。客とは、自分の主体的な意志にのみ忠実であろうとする自由人だったのです。司馬遷もまた自由人でありたいと望んでいました。ですから司馬遷は、侯嬴たちに対してはもちろん、「市道《しどう》の交わり」を実践した客たちにも共感してその姿を描いているように思われます。

(9)　侯嬴《こうえい》の死

鄴《ぎょう》に至《いた》り、魏王《ぎおう》の令《れい》を矯《いつわ》りて晋鄙《しんぴ》に代《か》わらんとす。晋鄙《しんぴ》符《ふ》を合《あ》わすもこれを疑《うたが》い、手《て》を挙《あ》げて公子《こうし》を視《み》て曰《いわ》く、「今《いま》吾《われ》十万《じゅうまん》の衆《しゅう》を擁《よう》し、境上《きょうじょう》に屯《とん》す。国《くに》の重任《じゅうにん》なり。今《いま》単車《たんしゃ》もて来《き》たりこれに代《か》わるは、何如《いかん》ぞや」と。聴《き》くことなからんと欲《ほっ》す。朱亥《しゅがい》四十斤《よんじっきん》の鉄椎《てっつい》を袖《そで》にし、晋鄙《しんぴ》を椎殺《ついさつ》す。公《こう》子《し》遂《つい》に晋鄙《しんぴ》の軍《ぐん》に将《しょう》たり。兵《へい》を勒《ととの》え、令《れい》を軍中《ぐんちゅう》に下《くだ》して曰《いわ》く、「父子《ふし》倶《とも》に軍《ぐん》中《ちゅう》に在《あ》らば、父帰《ちちかえ》れ。兄弟倶《きょうだいとも》に軍中《ぐんちゅう》に在《あ》らば、兄帰《あにかえ》れ。独子《どくし》にして兄弟《きょうだい》なくんば、帰《かえ》りて養《やしな》え」と。選兵八万人《せんぺいはちまんにん》を得《え》、兵《へい》を進《すす》めて秦軍《しんぐん》を撃《う》つ。秦軍解《しんぐんと》きて去《さ》り、遂《つい》に邯鄲《かんたん》を救《すく》いて趙《ちょう》を存《そん》す。

趙王及《ちょうおうおよ》び平原君《へいげんくん》 自《みずか》ら公子《こうし》を界《かい》に迎《むか》え、平原君《へいげんくん》 韊矢《らんし》を負《お》いて公子《こうし》の為《ため》に先引《せんいん》す。趙王再拝《ちょうおうさいはい》して曰《いわ》く、「古《いにしえ》よりの賢人《けんじん》も、未《いま》だ公子《こうし》に及《およ》ぶ者有《ものあ》らざるなり」と。この時《とき》に当《あ》たり、平原君敢《へいげんくんあ》えて自《みずか》ら人《ひと》に比《ひ》せず。公子《こうし》 侯生《こうせい》と決《けつ》して軍《ぐん》に至《いた》るとき、侯生果《こうせいは》たして北郷《ほっきょう》して自剄《じけい》せり。

◆至レ鄴、矯二魏王令一代二晋鄙一。晋鄙合レ符疑レ之、挙レ手視二公子一曰、「今吾擁二十万之衆一、屯二於境上一。国之重任。今単車来代レ之、何如哉」。欲レ無レ聴。朱亥袖二四十斤鉄椎一、椎二殺晋鄙一。公子遂将二晋鄙軍一。勒レ兵、下二令軍中一曰、「父子倶在二軍中一、父帰。兄弟倶在二軍中一、兄帰。独子無二兄弟一、帰養」。得二選兵八万人一、進レ兵撃二秦軍一。秦軍解去、遂救二邯鄲一存レ趙。

趙王及平原君自迎二公子於界一、平原君負二韊矢一為二公子一先引。趙王再拝曰、「自レ古賢人、未レ有下及二公子一者上也」。当二此之時一、平原君不三敢自比二於人一。公子与二侯生一決至レ軍、侯生果北郷自剄。

［公子《こうし》は］鄴《ぎょう》に到着すると、魏王《ぎおう》の命令だと偽って晋鄙《しんぴ》と交代しようとした。晋鄙は兵符《へいふ》を合わせたものの、不審に思い、手をかざして公子を見すえながら、「現在、わしは十万の軍勢を擁し、国境近くに駐屯《ちゆうとん》しております。国家の大任を担っておるのじゃ。今、ただ一輛《りよう》の車で来て交代せよとは、どういうことですかな」といい、聴きいれようとはしなかった。朱亥《しゆがい》は四十斤《きん》の鉄槌《てつつい》を袖《そで》に隠し、晋鄙を撲殺した。こうして公子は晋鄙の軍の将軍となったのである。兵士を統率し、全軍にふれた、「親子ともども従軍しておる者は、父親が帰国せよ。兄弟ともども従軍しておる者は、兄が帰国せよ。兄弟のない一人息子は、帰国して親を養え」。そうして精兵八万人を選び、進軍して秦《しん》の軍隊を攻撃した。秦の軍隊は［邯鄲《かんたん》の包囲を］解いて撤退し、かくて邯鄲を救援して趙《ちよう》を存続させたのである。

趙王と平原君《へいげんくん》は、みずから公子を国境まで出迎え、平原君は［公子の］矢筒を背負って公子のために先ばらいした。趙王は再拝していった、「古来の賢人たちにも、公子さまに匹敵する者はおりません」。その時には、平原君も自分を公子と同等だとは考えなかったのである。公子が侯生《こうせい》と別れて［晋鄙の］軍に着いたころ、侯生はかつてのことばどおり、北を向いて自分で首をはねていた。

❖❖❖❖

侯嬴《こうえい》から授かった秘策と朱亥《しゅがい》の命がけの働きのおかげで、公子は晋鄙《しんぴ》の軍隊を奪って趙《ちょう》を救援することに成功しました。客の力を借りて平原君《へいげんくん》への義理を果たすとともに、趙から魏《ぎ》へと秦《しん》軍が南下するのを防いだわけです。ちなみに、当時の一斤《きん》は二五〇グラム強でしたから、朱亥がふるった鉄槌《てっつい》は十キログラムあまりになります。

公子が趙王らの祝福を受けていた時、侯嬴はすでにこの世の人ではありませんでした。自身の言に背くことなく、公子がいる北の方角を向いて自決したのです。侯嬴の劇的な最期は、多くの人の印象に残りました。たとえば、唐《とう》の王維《おうい》は「夷門《いもん》の歌《うた》」という詩で次のように詠んでいます。

七雄雌雄猶未レ分　　戦国七雄《せんごくしちゆう》の雌雄はまだ決せられず
攻レ城殺レ将何紛紛　　城を攻めたり将軍を殺したりの戦いが続いている
秦兵益囲邯鄲急　　秦《しん》軍が包囲を強めて邯鄲《かんたん》は危機に陥ったが

魏王不レ救二平原君一
公子為レ嬴停二駟馬一
執レ轡逾恭意逾下
亥為二屠肆鼓レ刀人一
嬴乃夷門抱関者
非三但慷慨献二良謀一
意気兼将二身命一酬
向レ風刎レ頭送二公子一
七十老翁何所レ求

魏《ぎ》王は平原君《へいげんくん》を救援しようとはしない
公子《こうし》は侯嬴《こうえい》のために市場に馬車を停め
手綱をとってますます恭しくしていた
朱亥《しゅがい》は肉屋で刀をふるう人
侯嬴はといえば夷門《いもん》の門番だ
公子の人柄に感じ入って良策を授けただけでなく
心意気を示して命をも捧《ささ》げた
北風に向かって首をはねて公子を見送った
七十歳の老人が求めたものは何だったのだろうか

★楚《そ》王の父――春申君《しゅんしんくん》のこと

すでに平原君《へいげんくん》と孟嘗君《もうしょうくん》のことをコラムで取り上げたので、残る一人、春申君・黄歇《こうけつ》についても紹介しておきたいと思います。「戦国四君《せんごくしくん》」の中で、彼だけが王族ではありませんでした。しかし、彼は驚くべきことに楚王の父となったのです。

どうして、そんなことができたのでしょうか。

黄歇は楚の人で、前二七三年に秦《しん》に使いし、秦の昭王《しょうおう》に長文の書簡を奉って楚への侵攻を断念させたことで頭角を現わしました。その後、楚の太子が人質として秦に送られた時にも同行し、太子をこっそりと帰国させることに成功しました。この件で太子から絶大な信頼を得た黄歇は、前二六二年に太子が即位して考烈王《こうれつおう》となると宰相に任ぜられ、春申君の称号を受けたのです。以来、彼は権勢を極め、平原君とぜいたく競争をしたり、その要請に応じて邯鄲《かんたん》の救援に赴いたりしたことは前述のとおりです。

前二四一年、春申君は楚・趙《ちょう》・魏《ぎ》・韓《かん》・燕《えん》の五箇国連合軍を指揮して秦を攻撃し、函谷関《かんこくかん》まで進攻しましたが、秦の反撃にあって惨敗を喫しました。これを境に、春申君の権勢は衰え始めます。そんな折、李園《りえん》という男が家来になりたいと訪れてきました。李園には美人の妹がおり、彼女は春申君に寵愛《ちょうあい》され、やがて身ごもりました。すると彼女は、とんでもないことをいい出したのです。「楚の王さまにはお子さまがいらっしゃいません。王さまが亡くなられて御兄弟が即位なさいましたら、あなたさまの地位は危うくなるでしょう。さいわい、わたくしが身ごもったことは誰も知りません。わたくしを王さまの側室に差し出してくださいませ。男の子が生まれたら、その子がゆくゆくは王になり、あなたさまは王の父親として楚の国を思いのままにできるでしょうから」。実は、李園は最初から妹を考烈王の側室にするつもりだったのですが、王は子供ができない身体だと聞き、春申君を利用することを思いついたのです。そうとは知らぬ春申君はまんまと李園の計略にはまり、彼女を考烈王の側室に差し出しました。

うまくゆく時にはうまくゆくもので、生まれた子供は男子でした。すぐにその子は太子に立てられ、彼女は王妃となりました。そして李園は王妃の兄として権力を握りました。こうなると春申君は用済みであるだけでなく、秘密を知っている危険な存在と化します。李園は今度は春申君の暗殺計画を練り始めました。春申君の客の朱英《しゆえい》という者がそれを察知して力になりたいと申し出ましたが、春申君は李園を見くびり、朱英の申し出を拒絶しました。その結果、前二三八年に考烈王が亡くなり、自分の子が王位を継ぐことに決まった時、春申君は李園が放った刺客に暗殺されてしまったのです。司馬遷は「春申君列伝」の論賛《ろんさん》で次のように論評しています。

わたしは楚に行き、春申君の城址《じょうし》を見たことがある。宮殿は実に立派だった。当初、春申君が秦の昭王を説得し、また身命を賭《と》して楚の太子を帰国させたのは、何とすばらしい英知の輝きであったことだろう。後に李園に操られたのは、耄碌《もうろく》していたのだ。「当《まさ》に断《だん》ずべくして断《だん》ぜずんば、反《かえ》ってその乱《らん》を受《う》く──決断すべき時に決断しなければ、反対に禍《わざわ》いを招く」ということわざがある。春申君が朱英の申し出を拒絶したことも、それに当たるであろうか。

＊　＊　＊

以下、「魏公子列伝《ぎこうしれつでん》」の末尾までの部分は原文の掲出を省略し、あらすじで紹介するに止《とど》めたいと思います。

さて、首尾よく趙《ちょう》の救援に成功した公子でしたが、兄の魏王は公子が兵符《へいふ》を盗んで晋鄙《しんぴ》を殺したことを怒っていました。公子にもそれはわかっていたので、兵士たちだけを帰国させ、自身は客とともに趙に滞在することにしました。趙王は公子に恩義を感じ、平原君《へいげんくん》と相談して公子に五つの城を所領として与えることに決めました。それを知った公子が得意げな表情を示すと、客の一人が「人から与えられた恩義は忘れてはなりませんが、人に与えた恩義は忘れなければなりません」と諫《いさ》めました。それを聞いて公子はすぐさま改心し、以前にもまして恭謙《きょうけん》な態度を取るようになったということです。

趙で公子は、博徒《ばくと》の毛公《もうこう》や安酒売りの薛公《せっこう》という士《し》と交際しました。侯嬴《こうえい》の場合と同様に、二人は最初は公子に会おうとしませんでしたが、公子はお忍びで出かけてゆき、親交を結んだのです。それを知った平原君は夫人に、「そなたの弟の公子どのは、博徒や安酒売りと交際しておるそうな。公子どのはでたらめなお方だ」と語りました。夫人からそれを伝え聞いた公子は、旅立ちの支度を整えて夫人に告げました。「わたくしは平原君が賢者だと聞いておりましたので、王さまに背いてまで救援に馳《は》せ参じたのです。でも、平原君の交遊ははで好みなだけで、本当の士を好んでいたのではないのですね。わたくしは大梁《たいりょう》におりました時から二人が賢者だと聞いていましたし、趙にまいりましてからも会えないのではないかと心配でした。二人と交際している今でも、彼らはわたくしと交際したくないのではないかと案じております。それなのに、平原君がそれを恥となさるとは。そんなお方とは、交際するほどのことはございません」。それを夫人から聞いた平原君は、謝罪して公子を慰留しました。しかし、平原君はこの失言で客の信頼を失い、半数が公子のもとに移ってしまいました。公子の人柄は平原君の客をも魅了したのです。

魏の安釐王《あんきおう》の三十年(前二四七年)、秦《しん》が魏を攻撃しました。公子が趙に赴いたのがその二十年(前二五七年)でしたから、すでに十年が経過したことになります。魏王は公子に帰国を要請しましたが、公子は魏王があい変わらず怒っているものと思い、帰ろうとはしませんでした。魏から付いてきた客たちも、魏を裏切って趙にきたものですから、公子に帰国を勧めようとはしません。そこに登場したのが先の毛公・薛公です。二人は公子を諫めました。「公子さまが趙で重んぜられ、ご名声が諸侯に鳴り響いておられますのは、ひとえに魏あればこそです。現在、魏は秦に攻められて危機だというのに、公子さまは憂慮なさいません。秦が大梁を陥《おと》してご先祖さまの宗廟《そうびょう》を破壊するようなことになりましては、公子さまは天下に顔向けできませんぞ」。それを聞いて公子はさっと顔色を変え、急いで旅装を整えて帰国の途に就きました。帰国した公子は涙ながらに兄弟の対面を果たし、上将軍《じょうしょうぐん》に任命されました。そして諸侯に救援を呼びかけると、諸侯も公子が帰国したことを知って要請に応じました。こうして公子は諸国の兵を率いて秦軍を撃退し、魏を救ったのです。かつての趙の救援が侯嬴や朱亥《しゅがい》がいなければ為《な》し得なかったように、このたびの救国も毛公・薛公の諫言《かんげん》があってこそ実現したのです。公子の成功は、まさしく客たちに支えられた結果だといえるでしょう。

しかし、魏王と公子との蜜月《みつげつ》は長くは続きませんでした。もともと魏王は、公子の能力に脅威を感じていました。そこに付けこんだのが秦です。秦は晋鄙の客であった者を探し出し、その者を使って「公子は王位を狙っています」と魏王に吹きこませました。こうした中傷が続くうちに、魏王は次第に公子を疑うようになり、ついには上将軍の職を解任してしまいました。公子はそれに衝撃を受けたのでしょう、以来、病気と称して参内《さんだい》せず、酒と女性に溺《おぼ》れるようになり、四年後の安釐王の三十四年（前二四三年）に病死しました。魏が秦に滅ぼされるのは、それからさらに十八年後の魏王仮《か》の三年（前二二五年）になります。

⑽　司馬遷《しばせん》の公子《こうし》評

太史公《たいしこう》曰《いわ》く、吾《われ》大梁《たいりょう》の墟《きょ》を過《よぎ》り、その所謂《いわゆる》夷門《いもん》を求問《きゅうもん》す。夷門《いもん》は城《しろ》の東《とう》門《もん》なり。天下《てんか》の諸公子《しょこうし》も亦士《またし》を喜《よろこ》ぶ者有《ものあ》り。然《しか》れども信陵君《しんりょうくん》の巌穴《がんけつ》の隠者《いんじゃ》に接《せっ》し、下交《かこう》を恥《は》じざるは、以有《ゆえあ》るなり。名《な》 諸侯《しょこう》に冠《かん》たるは、虚《きょ》ならざるのみ。高祖《こうそ》これを過《よぎ》る毎《ごと》に民《たみ》をして奉祠《ほうし》して絶《た》えざら令《し》むるなり。

◆太史公曰、吾過二大梁之墟一、求二問其所謂夷門一。夷門者城之東門也。天下諸公子亦有二喜レ士者一矣。然信陵君之接二巌穴隠者一、不レ恥二下交一、有レ以也。名冠二諸侯一、不レ虚耳。高祖毎レ過レ之而令二民奉祠不一レ絶也。

太史公《たいしこう》のことば――わたしは大梁《たいりょう》の城址を訪れて、夷門《いもん》といわれたところはどこかとたずねたことがある。夷門は城の東門だった。天下の公子《こうし》たちの中にも士《し》を好む者はいた。しかし、信陵君《しんりょうくん》が山奥の洞窟《どうくつ》に隠れ住むかのような隠者《いんじゃ》と交際し、身分の低い人々との交際を恥としなかったのは、「他の公子たちがはで好みであったのとは異なり、彼らを魏《ぎ》のために役立てようという」理由があったのだ。その名声が諸侯随一であったのも、決してそらごとではなかった。「それゆえ」高祖《こうそ》はかの地を通るたびに、祭りを捧《ささ》げて絶やすことがないよう人々に命令されたのである。

❖❖❖❖

右は「魏公子列伝《ぎこうしれつでん》」の論賛《ろんさん》です。「平原君列伝《へいげんくんれつでん》」の論賛は一一三ページ、「孟嘗君列伝《もうしょうくんれつでん》」のそれは一三〇ページ、「春申君列伝《しゅんしんくんれつでん》」のそれは一四八ページで紹介しました。おさらいしておきますと、平原君が利欲にかられて馮亭《ふうてい》の邪説に飛びついたこと、孟嘗君の客に悪党が多かったこと、春申君が耄碌《もうろく》して李園《りえん》に操られたことを、それぞれで司馬遷は指摘していました。三人に対し、司馬遷は批判的な見解を示していたのです。一方、公子に対しては右のように賛辞を連ねています。「戦国四君《せんごくしくん》」の列伝の表題を、公子のものだけは「信陵君列伝《しんりょうくんれつでん》」とせずに「魏公子列伝」と題したこととあわせて考えれば、司馬遷は公子を他の三人よりも一等高く評価していたことがわかるでしょう。

ところで、客を招くという行為は、司馬遷が生きていた前漢《ぜんかん》の武帝《ぶてい》期ではどのように考えられていたのでしょうか。

ここに一つの象徴的な話があります。衛青《えいせい》といえば、武帝期に匈奴《きょうど》制圧で大功をうち立てた人物です。その衛青がある人から、昔の名将たちのように客を招くことを勧められた時、次のように答えました。「魏其侯《ぎきこう》や武安侯《ぶあんこう》が客を厚遇してからというもの、皇帝陛下はそれを快くお思いではありませんでした。士大夫《したいふ》たちをなつけ、賢者を招いて愚者を退けるのは、君主の権限であります。われわれ臣下は法律を遵守し、職務に忠実であればよいのです。人材を招くことに関与してよいものでしょうか」。魏其侯・竇嬰《とうえい》と武安侯・田蚡《でんぷん》とは、いずれも武帝期初頭の権臣でした。「衛将軍《えいしょうぐん》・驃騎列伝《ひょうきれつでん》」の論賛が伝えるこの話は、客を招く行為が司馬遷の時代には否定的に考えられていたことを教えてくれます。

戦国時代の混乱の副産物として出現した能力重視の風潮。それを受けて登場した自由人である客たちは、統一帝国であった漢王朝のもとでは官僚としての新たな秩序に組みこまれ、かつての自由さを失いました。主人と客とが主体的な意志によって自由に関係を結ぶことのできた時代は、すでに過去のものとなっていたのです。

自身、主人に恵まれなかった司馬遷は、公子のような主人にあこがれを抱いていたことでしょう。同時に、自由人であった司馬遷は、公子の客にもあこがれを抱いていたことでしょう。あの侯嬴《こうえい》たちのように、自分も仕えるに値する主人と自由な交際を結びたい、と。しかし、それはすでに不可能なことでした。「魏公子列伝」、それは司馬遷のあこがれの記録であるとともに、そのあこがれを実現するすべのない悲しみをこめた鎮魂の記録でもあるように、わたしには思われます。

◆第三部　秦《しん》から漢《かん》へ――「項羽本紀《こううほんぎ》」など

数年前、昔の友達と久しぶりに集まったことがあります。その時に「今、『史記』読んでんねん」といいますと、「鴻門《こうもん》の会《かい》のあるやつやろ。漢文でやったで」、「わたしも習《なろ》たよ。刀持って舞うとこ、あったよね」、「うちの先生《せんせ》、みんなで実演さしはってん」などなどの返事。進んだ高校もその後の職業もまちまちのおじさん・おばさんが、妙に盛り上がったものです。中には項羽《こうう》と関羽《かんう》とがごっちゃになっている友達もいましたが、まあ、これはご愛敬《あいきょう》でしょう。やはり『史記』といえば「鴻門の会」、その英雄といえば項羽に止《とど》めを刺すことを実感させられた一夜でした。

『鑑賞中国の古典　史記・漢書』では「項羽本紀」を取り上げませんでした。自分なりにあれこれと考えた結果なのですが、やはり「鴻門の会」などを説明しておくべきだったかとの思いは後々まで残りました。今回、さいわいに本書を執筆する機会に恵まれましたので、その宿題を片づけておきたいと思います。構成は、「項羽本紀」や「高祖本《こうそほん》紀《ぎ》」などから名場面を抜き出して綴《つづ》り合わせる形式にします。第一部・第二部とは違い、原文が長くて「漢文練習帳」のようになってしまわないかと心配ですが、四十年前の高校生のころに戻ったつもりで書き進めますので、皆さまも同じ気持ちでお付き合い願えれば嬉《うれ》しく思います。

(1) 始皇帝《しこうてい》の崩御《ほうぎょ》——「秦始皇本紀《しんしこうほんぎ》」より

三十七年十月《さんじゅうしちねんじゅうがつ》癸丑《きちゅう》、始皇出游《しこうしゅつゆう》す。左丞相《さじょうしょう》斯《し》従《したが》い、右丞相《ゆうじょうしょう》去疾《きょしつ》守《まも》る。少子《しょうし》胡亥《こがい》愛慕《あいぼ》して従《したが》わんことを請い、上《しょう》これを許《ゆる》す。〔中略〕平原津《へいげんしん》に至《いた》りて病《や》む。始皇《しこう》死《し》を言《い》うを悪《にく》み、群臣《ぐんしん》敢《あ》えて死《し》の事《こと》を言《い》うものなし。上《しょう》の病《やまい》益《ます》甚《はなは》だし。乃《すなわ》ち璽書《じしょ》を為《つく》りて公子扶蘇《こうしふそ》に賜《たま》いて曰《いわ》く、「喪《も》と与《とも》に咸陽《かんよう》に会《かい》して葬《ほうむ》れ」と。書已《しょすで》に封《ふう》ぜられ、中車府令趙高《ちゅうしゃふれいちょうこう》の符璽《ふじ》の事《こと》を行《おこ》なうの所《ところ》に在《あ》りて、未《いま》だ使者《ししゃ》に授《さず》けず。七月丙寅《しちがつへいいん》、始皇《しこう》沙丘《さきゅう》の平台《へいだい》に崩《ほう》ず。

◆三十七年十月癸丑、始皇出游。左丞相斯従、右丞相去疾守。少子胡亥愛慕請レ従、上許レ之。〔中略〕至二平原津一而病。始皇悪レ言レ死、群臣莫三敢言二死事一。上病益甚。乃為二璽書一賜二公子扶蘇一曰、「与レ喪会二咸陽一而葬」。書已封、在下中車府令趙高行二符璽事一所上、未レ授二使者一。七月丙寅、始皇崩二於沙丘平台一。

［秦《しん》の始皇帝《しこうてい》の］三十七年（前二一〇年）十月癸丑《きちゆう》（四日）、始皇帝は［巡狩《じゆんしゆ》に］出発した。左丞相《さじようしよう》の李斯《りし》が随行し、右丞相《ゆうじようしよう》の馮去疾《ふうきよしつ》が留守を預かった。末息子の胡亥《こがい》は［父を］慕って同行したいとせがみ、始皇帝はそれを許可した。〔中略〕平原《へいげん》の渡し場まで来た時、［始皇帝は］発病した。始皇帝は死ということばを嫌ったので、臣下たちにも死のことを口に出そうとする者はいなかった。始皇帝の病はますます重くなった。そこでようやく公子の扶蘇《ふそ》に宛てて御璽《ぎよじ》をついた親書をしたため、「喪《も》が公表されれば、咸陽《かんよう》に上京して葬儀を執り行なえ」と告げた。親書は封緘《ふうかん》され、中車府令《ちゆうしやふれい》の趙高《ちようこう》が兵符《へいふ》や御璽を管理している部署に置かれたまま、まだ使者に渡されてはいなかった。七月丙寅《へいいん》（?）、始皇帝は沙丘宮《さきゆうきゆう》の平台《へいだい》

――で崩御した。

❖ ❖ ❖ ❖

「秦始皇本紀」は『史記』の巻六、本紀十二篇の六番目にあります。始皇帝の出生から天下統一、その崩御などをへて、秦帝国の滅亡に至る五十四年間の歴史記録です。

始皇帝は姓名を嬴政《えいせい》といい、前二五九年に生まれました。秦王に即位したのが前二四七年、十三歳の時、「戦国六国《せんごくりっこく》」(韓《かん》・魏《ぎ》・楚《そ》・趙《ちょう》・燕《えん》・斉《せい》)を次々と滅ぼして天下統一を果たしたのが前二二一年、三十九歳の時でした。

天下を手中に収めた秦王政が最初に行なったのは、自身の称号を改めることでした。春秋時代までは天子が「王」を称し、諸国の領主、つまり諸侯《しょこう》が「公」を称するのが原則でしたが、戦国時代になると秦を含めた諸侯たちが王を自称し始め、王の権威が相対的に低下しました。そのため、彼は「皇帝」という全く新しい称号を創り出したのです。また、従来は天子や諸侯が亡くなると、その業績に応じた死後の呼び名が付けられました。これを「諡《おくりな》」といいます。しかし彼は、諡の制度は臣下が君主の業績をあげつらうものだとしてこれを廃止し、自分が死んだら「始皇帝」と呼び、以後は「二世皇帝《にせいこうてい》」

「三世《さんせい》皇帝」から万世にまで伝えよと命じました。その他、中央政府から官僚を派遣して地方を一元的に統治する「郡県制《ぐんけんせい》」の施行、諸国でまちまちであった度量衡・車の車軌《ゲージ》の幅・文字の書体の統一など、始皇帝の統一政策は多岐にわたります。

国家基盤が整うと、始皇帝は占領した地域への「巡狩《じゅんしゅ》」に出かけました。巡狩とは帝王の行幸《みゆき》のことです。本段に見えるのは五度目の巡狩で、都の咸陽《かんよう》（現在の陝西《せんせい》省咸陽市）を出発した始皇帝は、越王句践《えつおうこうせん》の故地でもあった会稽《かいけい》（現在の浙江《せっこう》省紹興《しょうこう》市の近く）まで行き、そこから北上して山東《さんとう》半島などを巡りました。そして、平原《へいげん》（現在の山《さん》東《とう》省平原県）で黄河を渡ろうとした時に発病し、沙丘《さきゅう》（現在の河北《かほく》省巨鹿《きょろく》県の近く）にあった離宮の、平台《へいだい》という建物で亡くなったわけです。五十歳でした。なお、秦は十月を一年の始めとする「顓頊暦《せんぎょくれき》」を使っていたので、七月が十月の後にきます。顓頊暦は前漢《ぜんかん》の武帝《ぶてい》期に正月を一年の始めとする「太初暦《たいしょれき》」が施行されるまで使い続けられましたから、この先の部分もそれを念頭に置いてお読みいただく必要があります。「癸丑《きちゅう》」や「丙寅《へいいん》」は十干十二支《じっかんじゅうにし》の組み合わせで日付を表わしたもので、「伍子胥列伝《ごししょれつでん》」にも出てきました（六七ページ）。調べますと、始皇帝三十七年の七月には「丙寅」の日が含まれず、どこかに間違いがあるはずですが、どこが違っているのかはわかりません。疑問符を付けたのはそのためです。

丞相斯《じょうしょうし》上《しょう》崩《ほう》じて外《そと》に在《あ》るが為《ため》に、諸公子《しょこうし》及《およ》び天下《てんか》に変有《へんあ》らんことを恐《おそ》れ、乃《すなわ》ちこれを秘《ひ》して喪《も》を発《はっ》せず。棺《かん》 轀涼車中《おんりょうしゃちゅう》に載《の》せ、故《もと》の幸《こう》せらるる宦《かん》者参乗《じゃさんじょう》し、至《いた》る所《ところ》に食《しょく》を上《たてまつ》り、百官《ひゃっかん》 事《こと》を奏《そう》すること故《もと》の如《ごと》くし、宦者《かんじゃ》輒《すなわ》ち轀涼《おんりょう》車中《しゃちゅう》よりその奏事《そうじ》を可《か》す。独《ひと》り子《こ》の胡亥《こがい》、趙高《ちょうこう》及《およ》び幸《こう》せられし所《ところ》の宦《かん》者五《じゃご》六人《ろくにん》のみ上《しょう》の死《し》を知る。

◆丞相斯為二上崩在一レ外、恐二諸公子及天下有一レ変、乃秘レ之不レ発レ喪。棺載二轀涼車中一、故幸宦者参乗、所レ至上レ食、百官奏レ事如レ故、宦者輒従二轀涼車中一可二其奏事一。独子胡亥、趙高及所レ幸宦者五六人知二上死一。

丞相《じょうしょう》の李斯《りし》は、始皇帝が外地で崩御《ほうぎょ》したため、公子たちや天下に謀反が起こることを心配し、始皇帝の死を秘匿して喪《も》を公表しなかった。棺《ひつぎ》を轀涼車《おんりょうしゃ》に載せ、生前からおぼえのめでたかった宦官《かんがん》が同乗し、行くさきざきで食事をたてまつり、官僚たちが諸般のことを上奏《じょうそう》するのも生前のままにし、宦官がその都度、轀涼車の中からその上奏に裁可を下した。ただ、息子の胡亥《こがい》、趙高《ちょうこう》、そしておぼえのめでたかった五、六人の宦官だけが始皇帝の死を知っていた。

❖❖❖❖

始皇帝は生前、皇太子を決めていませんでした。しかし、長男の扶蘇《ふそ》が跡を継ぐだろうというのは衆目の一致するところで、始皇帝が臨終に際して扶蘇に葬儀を取り仕切らせる旨の親書を残したのも、そのつもりだったのでしょう。

李斯が始皇帝の死を秘匿したのは、ひとえに国家の混乱を心配したためで、何らかの陰謀を企てていたわけではないようです。しかし、宦官《かんがん》の趙高は違いました。「解説」でも触れましたように、宦官とは宮刑《きゅうけい》（男性の生殖器を切断する刑罰）を受け、君主と後宮《こうきゅう》の女性たちとの世話係に当てられた者のことです。君主に親近するだけに権力を握るのは容易でしたが、あくまでも私的な家内奴隷ですから、君主が代われば失職する恐れがありました。それを避けるためには、自分と親しい者、また操《あやつ》りやすい者を次の君主に立てねばなりません。さいわい、趙高は胡亥《こがい》に文字や法律を教えたことがありました。そこで始皇帝の親書を破棄し、胡亥を擁立しようと企てたのです。それを聞いた李斯は反対しましたが、趙高にうまく丸めこまれ、結局は片棒を担がされることになりました。彼らは扶蘇とその後見役である将軍蒙恬《もうてん》とに死を賜る旨の親書を偽造して二人を除き去り、始皇帝の死を隠したままで巡狩を続けました。以上のことは「李斯列伝《りしれつでん》」に詳述され、「秦始皇本紀」の本段に続く部分にも簡単に記録されています。

行《ゆ》きて遂《つい》に井陘《せいけい》より九原《きゅうげん》に抵《いた》る。会《たまたま》暑《あつ》うして、上《しょう》の轀車《おんしゃ》臭《くさ》し。乃《すなわ》ち従官《かん》に詔《みことのり》し、車《くるま》に一石《いっせき》の鮑魚《ほうぎょ》を載《の》せ、以《もっ》てその臭《しゅう》を乱《みだ》さ令《し》む。行《ゆ》きて直道《ちょくどう》より咸陽《かんよう》に至《いた》りて喪《も》を発《はつ》す。太子《たいし》の胡亥《こがい》位《くらい》を襲《おそ》い、二世皇帝《にせいこうてい》と為《な》る。

◆行遂従二井陘一抵二九原一。会暑、上轀車臭。乃詔二従官一、令下車載二一石鮑魚一、以乱中其臭上。行従二直道一至二咸陽一発レ喪。太子胡亥襲レ位、為二二世皇帝一。

そのまま進んで井陘《せいけい》をへて九原《きゅうげん》まで行った。おりしも炎暑で、始皇帝《しこうてい》の轀涼車《おんりょうしゃ》からは死臭がただよってきた。そこで供をする役人に詔を下し、［随行の］車に一石の塩漬けの魚を載せ、それで死臭を紛らわせるようにさせた。さらに進んで直《ちょく》道《どう》を通って咸陽《かんよう》に到着し、喪《も》を公表した。太子の胡亥《こがい》が皇位を継ぎ、二世皇帝《にせいこうてい》となった。

❖❖❖❖

始皇帝が崩御した沙丘宮《さきゅうきゅう》は「馳道《ちどう》」という整備された道路で咸陽と結ばれていましたから、昼夜兼行で急げば十日あまりで帰京できたはずです。しかし、始皇帝は「生きている」のですから、当初の計画を変更するわけにはゆきません。遺体を載せた轀涼車《おんりょうしゃ》を中心とする車列は、

秦の兵馬俑坑から出土した銅製の車馬
「轀涼車」の模型ではないかといわれている。

沙丘から井陘《せいけい》（現在の河北省石家荘《せきかそう》市の西方）へ、さらに北辺の九原《きゅうげん》（現在の内モンゴル自治区包頭《パオトウ》市）へと進み、そこから「直道《ちょくどう》」を通って南下し、九月にようやく咸陽に帰還しました。直道とは、咸陽の北に位置する雲陽《うんよう》（現在の陝西省淳化《じゅんか》県の近く）から九原までの千八百里（約七二九キロメートル）をほぼ直線で結んだ軍事専用道路で、その工事責任者は先の蒙恬《もうてん》でした。彼はまた、戦国時代の諸国の長城をつなぎ合わせ、いわゆる「万里の長城」を造営する工事の指揮も執っています。

轀涼車というのは、窓を開閉することで寒暖の調節ができる馬車です。もちろん冷暖房などはありませんから、炎天下に長期の移動で始皇帝の遺体はすっかり腐敗してしまいました。この死臭の中で秦漢交代期の動乱が始まるのです。

漁陽
井陘
沙丘
平原
邯鄲
泰山
黄
河
琅邪
泗
水
定陶
陽武
成皋
滎陽
陽城
薛
沛
留
彭城
碭
雍丘
陽夏
睢
水
下相
陳
襄城
大沢郷
淮陰
垓下
項
潁
水
鄿
盱台
東城
淮
水
烏江
呉
太湖
長
居鄛
江
会稽山
浙
江

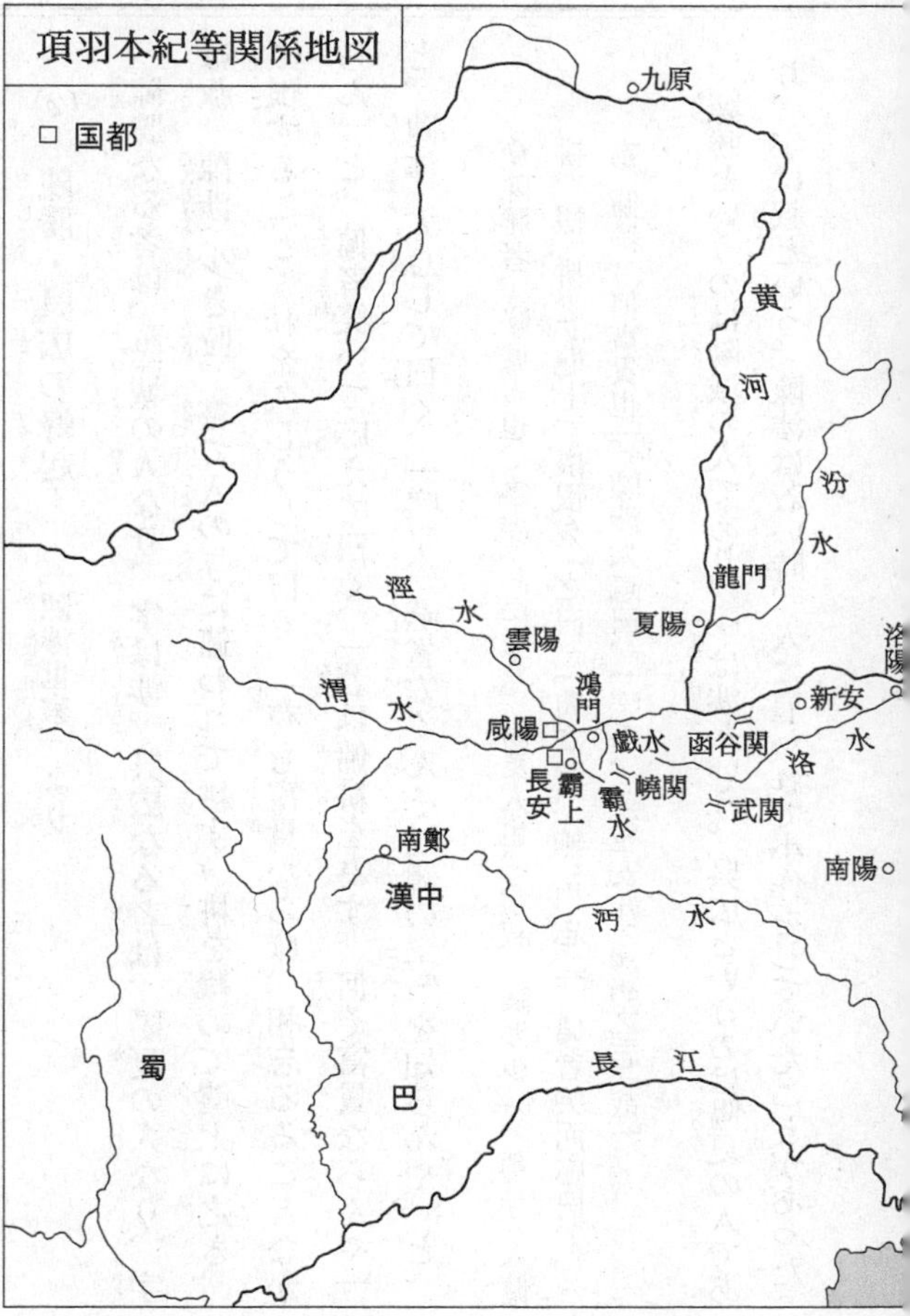
□ 国都
九原
黄河
汾水
龍門
夏陽
洛陽
涇水
雲陽
渭水
鴻門
咸陽
戯水
函谷関
新安
洛水
長安
霸上
嶢関
霸水
武関
南鄭
漢中
南陽
沔水
蜀
巴
長江

項羽本紀等関係地図

(2) 陳勝《ちんしょう》・呉広《ごこう》の蜂起《ほうき》——「陳渉世家《ちんしょうせいか》」より

陳勝《ちんしょう》なる者《もの》は、陽城《ようじょう》の人《ひと》なり、字《あざな》は渉《しょう》。呉広《ごこう》なる者《もの》は、陽夏《ようか》の人《ひと》なり、字《あざな》は叔《しゅく》。陳渉《ちんしょう》少《わか》き時《とき》、嘗《かつ》て人《ひと》の与《ため》に傭《やと》われて耕《こう》す。耕《こう》を輟《や》めて壟上《ろうじょう》に之《ゆ》き、悵恨《ちょうこん》することこれを久《ひさ》しうして曰《いわ》く、「苟《いやしく》も富貴《ふうき》ならば、相忘《あいわす》るることなからん」と。傭者《ようしゃ》笑《わら》いて応《こた》えて曰《いわ》く、「若《なんじ》は傭耕《ようこう》を為《な》す。何《なん》ぞ富貴《ふうき》ならんや」と。陳渉《ちんしょう》太息《たいそく》して曰《いわ》く、「嗟乎《ああ》、燕雀《えんじゃく》安《いずく》んぞ鴻鵠《こうこく》の志《こころざし》を知《し》らんや」と。

◆陳勝者、陽城人也、字渉。呉広者、陽夏人也、字叔。陳渉少時、嘗与レ人傭耕。輟レ耕之二壟上一、悵恨久レ之曰、「苟富貴、無二相忘一」。傭者笑而応曰、「若為二傭耕一。何富貴也」。陳渉太息曰、「嗟乎、燕雀安知二鴻鵠之志一哉」。

陳勝《ちんしょう》というのは陽城《ようじょう》の人であり、字《あざな》は渉《しょう》という。呉広《ごこう》というのは陽夏《ようか》の人であり、字は叔《しゅく》という。陳渉は若い時、人に雇われて小作をしていたことがあった。

［ある時］農耕の手を止めて畦《うね》のわきに行き、しばらく嘆いたその後で、「たとえ富貴になっても、お互い忘れないようにしようぜ」と［仲間に］いった。［仲間の］小作人は笑いながら答えた、「お前は小作人じゃないか。富貴になんかなれるものか」。陳渉は大きく溜《た》め息をついていった、「ああ、燕《つばめ》や雀のような小鳥などに、どうして大鳥《おおとり》の志がわかるものか」。

❖　❖　❖　❖

「陳渉世家」は『史記』の巻四十八、世家三十篇の十八番目にあります。秦漢《しんかん》交代期に真っ先に蜂起《ほうき》した陳勝・呉広たちの伝記です。世家というのは、春秋・戦国時代の諸侯国の記録、および漢代に領国をもらって「王」に封ぜられた人々の伝記です。しかし、陳勝はそのいずれでもありません。彼は「陳王《ちんおう》」を称して「張楚《ちょうそ》」という国を建てましたから、世家に記録される資格が全くないわけではないのですが、同時期に王を称した者は他にも多くいたのに、陳勝だけが世家に入れてもらえたのは、司馬遷が彼の蜂起を秦から漢へと時代を動かす契機になったと評価したためでしょう。

本段は「陳渉世家」の冒頭、まだ陳勝が貧しい小作人であった時の話です。「燕雀安《えんじゃくいず》くんぞ鴻鵠《こうこく》の志《こころざし》を知《し》らんや」の「燕雀」は小さな鳥で、小人物・凡人の譬《たと》え、「鴻鵠」は鳳凰《ほうおう》のような大きな鳥で、大人物・英雄の譬え。「凡人には英雄の大志はわからぬものだ」という意味の成語として今でも使われています。

二世元年《にせいがんねん》の七月《しつがつ》、閭左《りょさ》を発《はっ》して漁陽《ぎょよう》に適戍《たくじゅ》せしめ、九百人《きゅうひゃくにん》大沢郷《だいたくきょう》に屯《とん》す。陳勝《ちんしょう》・呉広《ごこう》皆次《みなじ》として行《こう》に当《あ》たり、屯長《とんちょう》と為《な》る。会《たまたま》天大《てんおお》いに雨《あめ》ふり、道通《みちつう》ぜずして、度《はか》るに已《すで》に期《き》を失《しっ》す。期《き》を失《しっ》すれば、法《ほう》として皆斬《みなき》らる。陳勝《ちんしょう》・呉広《ごこう》乃《すなわ》ち謀《はか》りて曰《いわ》く、「今《いま》亡《に》ぐるも亦死《またし》し、大計《たいけい》を挙《あ》ぐるも亦死《またし》せん。等《ひと》しく死《し》すれば、国《くに》に死《し》するは可《か》ならんか」と。

◆二世元年七月、発二閭左一適三戍漁陽一、九百人屯二大沢郷一。陳勝・呉広皆次当レ行、為二屯長一。会天大雨、道不レ通、度已失レ期。失レ期、法皆斬。陳勝・呉広乃謀曰、「今亡亦死、挙二大計一亦死。等死、死レ国可乎」。

二世皇帝《にせいこうてい》の元年（前二〇九年）七月、貧民を徴発して漁陽《ぎょよう》の守備に当てることになり、九百人が大沢郷《だいたくきょう》で宿営した。陳勝《ちんしょう》と呉広《ごこう》はいずれもこの行役《こうえき》に従う順番に当たり、班長となっていた。おりしも大雨が降って道路が不通になり、数えてみるとすでに「到着の」期日に間に合わなくなっていた。期日に間に合わねば、法律で全員が斬罪《ざんざい》に処せられる。そこで陳勝と呉広は相談した、「今、逃亡しても殺されるだろうし、ひと旗あげても殺されるだろう。どうせ死ぬなら、国のために死ぬのがいいんじゃないか」。

❖❖❖❖

「閭左《りょさ》」の「閭」は村里の門で、裕福な者はその右側に、貧しい者は左側に住まわされました。「左と右」のコラムで紹介した秦漢時代に右を上位とした風習が、ここにも現われています。従来、貧民は租税や労役を免除されてきましたが、二世皇帝の時期に入ると彼らまでが徴発の対象となったのです。陳勝の郷里の陽城《ようじょう》、呉広の郷里の陽夏《ようか》はいずれも現在の河南省《かなん》にあります。彼らが反乱を決意した大沢郷《だいたくきょう》は現在の安徽省宿州市《あんきしゅくしゅう》の東南の地で、陽城や陽夏より漁陽《ぎょよう》（現在の北京《ペキン》市の東北部）に至る道筋からは大きくはずれていますので、恐らく仕事を求めて大沢郷の近くで暮らしていた時に徴発されたのでしょう。

呉広《ごこう》素《もと》人《ひと》を愛《あい》し、士卒《しそつ》に用《よう》を為《な》す者多《ものおお》し。将《ひき》いし尉《い》の酔《よ》うに、広故《こうことさ》らに数《しばしば》亡《に》げんと欲《ほっ》すと言《い》う。尉《い》を忿恚《ふんい》せしめ、これを辱《はずかし》め令《し》め、以《もっ》てその衆《しゅう》を激怒《げきど》せしめんとするなり。尉果《いは》たして広《こう》を笞《むち》うつ。尉《い》の剣挺《けんぬ》け、広起《こうた》ちて奪《うば》いて尉《い》を殺《ころ》す。陳勝《ちんしょう》これを佐《たす》け、幷《あわ》せて両尉《りょうい》を殺《ころ》す。召《め》して徒属《とぞく》に令《れい》して曰《いわ》く、「公等《こうら》雨《あめ》に遇《あ》い、皆已《みなすで》に期《き》を失《しっ》す。期《き》を失《しっ》すれば斬《ざん》に当《あ》たる。藉《たと》い弟《た》だ斬《き》らるることなから令《し》むとも、戍《じゅ》して死《し》する者《もの》は固《もと》より十《じゅう》に六七《ろくしち》なり。且《か》つ壮士《そうし》死《し》せずんば即《すなわ》ち已《や》むも、死《し》すれば即《すなわ》ち大名《たいめい》を挙《あ》げんのみ。王侯将相《おうこうしょうしょう》、寧《なん》ぞ種有《しゅあ》らんや」と。徒属《とぞく》皆曰《みないわ》く、「敬《つつし》んで命《めい》を受《う》けん」と。

◆呉広素愛レ人、士卒多二為レ用者一。将尉酔、広故数言レ欲レ亡。忿二恚尉一、令レ辱レ之、以激二怒其衆一。尉果笞レ広。尉剣挺、広起奪而殺レ尉。陳勝佐レ之、幷殺二両尉一。召令二徒属一曰、「公等遇レ雨、皆已失レ期。失レ期当レ斬。藉弟令レ毋レ斬、而戍死者固十六七。且壮士不レ死即已、死即挙二大名一耳。王侯将相、寧有レ種乎」。徒属皆曰、「敬受レ命」。

呉広《ごこう》は平素から部下をかわいがったので、兵士たちの中には彼のために働こうとする者が多くいた。引率していた尉《い》が酔っぱらった時、呉広はわざと何度も逃亡したいといった。尉を怒らせて自分を侮辱するようにしむけ、そうすることで人々の怒りを煽《あお》ろうとしたのである。案の定、尉は呉広を笞《むち》うった。［その時］尉の剣が脱《ぬ》け落ち、呉広は立ち上がりざまにそれを奪って尉を殺した。陳勝が呉広に加勢し、尉を二人とも殺した。［彼らは］部下を呼び集めて号令を下した、「諸君は雨にあい、全員がすでに期日に間に合わなくなっている。期日に間に合わねば斬罪に処せられるのだ。たとえ斬られずにすんだとしても、辺境の守備で死ぬ者はもともと十人中に六、七人もいる。そもそも勇者たる者、死なずにおれるならばそれでよいが、死ぬのであれば大きな名声を挙げようではないか。王者や諸侯、将軍や大臣に決まった血筋などあるものか」。部下たちは揃っていった、「謹んでご命令に従います」。

❖ ❖ ❖ ❖

「尉《い》」は官名で郡や県の軍事・警察を統括する職。ここでは二人一組で、漁陽《ぎょよう》に向かう守備隊の兵士たちを引率していたようです。「藉《せき》」は仮定を表わす助字で、「たとい」「もし」などと訓読します。「弟《だい》」は「第《だい》」と同じで「ただ」と訓読し、発音も「ダイ」です。「王侯将相《おうこうしょうしょう》、寧《なん》ぞ種有《しゅあ》らんや」はよく知られたことばで、「おれたち貧民だって、チャンスがあれば王者や諸侯、将軍や大臣にもなれるのだ」と訳せば、よりわかりやすいかもしれません。

蜂起した当初、陳勝は公子扶蘇《ふそ》を、呉広《ごこう》は項燕《こうえん》を詐称しました。扶蘇は先に出てきた始皇帝の長男です。項燕は楚《そ》の名将で、前二二四年に時の楚王が秦に捕らえられた時、王族の一人を擁立して故国の復興を図り、翌年、秦将王翦《おうせん》に敗れて自殺した人物です。陳勝と呉広は、扶蘇・項燕が人々に敬愛されていたことと、その死が知れわたっていないこととにうまく付けこんだわけです。

わずか九百人で始まった反乱は、あっという間に数万人にまでふくれ上がりました。秦の圧政に苦しんでいた人民がいかに多かったかを示すものでしょう。彼らは大沢郷《だいたくきょう》周辺の町々を席巻《せっけん》し、蜂起した七月のうちに陳《ちん》県（現在の河南《かなん》省淮陽《わいよう》県）を陥《おと》してそこを根拠地としました。陳勝は「陳王《ちんおう》」を名乗り、呉広は「仮王《かおう》」、つまり王の代理となって滎陽《けいよう》（現在の河南省滎陽市）を包囲しました。さらに別働隊は数十万人で函谷関《かんこくかん》を破り、秦の本拠にまで進撃したのです。しかし所詮《しょせん》は烏合《うごう》の衆、別働隊は章邯《しょうかん》ひきいる秦の正規軍に惨敗し、呉広は仲間割れの結果、田臧《でんぞう》という者に殺されてしまいました。さらに陳勝も、秦軍に追われて逃げる途中でその御者の荘賈《そうか》という者に殺され、この反乱は終息しました。陳勝・呉広が蜂起したのが前二〇九年の七月、陳勝が殺されたのが翌年の十二月ですから、その間わずか半年であったことになります（当時の暦では、前年の七月から翌年の十二月までで半年になります）。思えばあっけない反乱でしたが、彼らに触発された人々が各地で一斉に立ち上がり、秦帝国を崩壊へと導きます。次段以降では、その中の両巨頭、項羽《こうう》と劉邦《りゅうほう》との決起の場面を続けて読んでみたいと思います。

★陳勝の逸話

陳勝の失敗は、彼自身の性格にも原因があったようです。先に見た小作人仲間の男、かつて陳勝が「たとえ富貴になっても、お互い忘れないようにしようぜ」と語りかけた相手の男が、陳王《ちんおう》となった旧友のうわさを聞いて訪ねてきたことがありました。最初、男は門番に追い返されましたが、道で陳勝を待ち受け、見つけると「渉《しょう》さん」と呼びかけました。陳勝はすぐに気づき、男を車に乗せて宮殿に連れ帰りました。宮殿を見た男はお国訛《なま》りまるだしで、「すげえなあ、渉さんの王さまぶりは。ええもんだ」と仰天したそうです。このあたりまではよかったのですが、やがて男は宮中を我がもの顔でのし歩き、陳勝の昔のことを誰彼なしに話して回るようになりました。陳勝は不快に感じ始め、男は王の威信をそこなっているとの側近の進言を聴いてとうとう男を殺してしまったのです。それ以来、陳勝は周囲の信頼を失ったと「陳渉世家」は伝えています。陳勝の「鴻鵠《こうこく》の志《こころざし》」は、「王侯《おうこう》 将相《しょうしょう》」の筆頭の王となったことで達成されたのでしょう。そのため、彼はそこで終わったのです。

(3)　項羽、初めて起つ――「項羽本紀」より

項籍《こうせき》なる者《もの》は、下相《かしよう》の人《ひと》なり、字《あざな》は羽《う》。初《はじ》めて起《た》ちし時《とき》、年《とし》二十四《にじゆうし》。その季父《きふ》は項梁《こうりよう》、梁《りよう》の父《ちち》は即《すなわ》ち楚将項燕《そしようこうえん》にして、秦将王翦《しんしようおうせん》の戮《りく》する所《ところ》と為《な》る者《もの》なり。項氏《こうし》世世《よよ》楚《そ》の将為《しようた》りて、項《こう》に封《ほう》ぜられ、故《ゆえ》に項氏《こうし》を姓《せい》とす。項籍少《こうせきわか》き時《とき》、書《しよ》を学《まな》ぶも成《な》らず、去《さ》りて剣《けん》を学《まな》ぶも、又成《またな》らず。項梁《こうりよう》これを怒《いか》る。籍曰《せきいわ》く、「書《しよ》は以《もつ》て名姓《めいせい》を記《き》するに足《た》るのみ。剣《けん》は一人《いちにん》の敵《てき》、学《まな》ぶに足《た》らず。万人《ばんじん》の敵《てき》を学《まな》ばん」と。ここに於《おい》て項梁乃《こうりようすなわ》ち籍《せき》に兵法《へいほう》を教《おし》う。籍大《せきおお》いに喜《よろこ》ぶ。略《ほぼ》その意《い》を知《し》るや、又肯《またあ》えて学《まな》ぶを竟《お》えず。

◆項籍者、下相人也、字羽。初起時、年二十四。其季父項梁、梁父即楚将項燕、為ニ秦将王翦所レ戮者也。項氏世世為ニ楚将一、封ニ於項一、故姓ニ項氏一。項籍少時、学レ書不レ成、去学レ剣、又不レ成。項梁怒レ之。籍曰、「書足三以記ニ名姓一而已。

剣一人敵、不レ足レ学。学二万人敵一」。於レ是項梁乃教二籍兵法一。籍大喜。略知二其意一、又不二肯竟一レ学。

項籍《こうせき》というのは下相《かしょう》の人であり、字《あざな》は羽《う》という。初めて決起した時は二十四歳であった。彼の末の叔父《おじ》は項梁《こうりょう》、項梁の父はとりもなおさず楚《そ》の将軍の項燕《こうえん》で、秦《しん》の将軍の王翦《おうせん》に殺された者である。項氏は代々楚の将軍の家柄で、項《こう》に領地をもらったために項氏を姓とした。項籍は若い時に文字を学んだがものにならず、やめて剣術を学んだが、これもものにならなかった。項梁は怒った。項籍はいった、「文字は姓名を書けさえすれば充分です。剣術は一人を相手にするだけですから、学ぶほどのものではありません。万人を相手にできるものを学びたいのです」。それを聞いて項梁は項籍に兵法を教えた。項籍はたいそう喜んだ。「しかし」おおよその意味を知ると、またも最後まで学ぼうとはしなくなった。

❖ ❖ ❖ ❖

「項羽本紀」は『史記』の巻七、本紀十二篇の七番目にあり、先の「秦始皇本紀」に続く一篇です。いうまでもなく、『史記』の中で最大の英雄、項羽の一代記です。

本段は「項羽本紀」の冒頭、彼の出身地や家系、若き日の逸話などが記されています。下相《かしょう》は現在の江蘇《こうそ》省宿遷《しゅくせん》市、項氏一族の所領の項は現在の河南省項城《こうじょう》市です。また、前二〇九年に決起した時が二十四歳であったという記述から、項羽は前二三二年に生まれたことがわかります。

本段で重要なのは、項羽が先に紹介した項燕《こうえん》の孫であったことでしょう。「即」を「とりもなおさず」と重々しく訳したのも、それを強調したいからに他なりません。楚の復興を図って斃《たお》れた悲劇の将軍、楚の人々から敬愛された名将の再来として項羽は登場したわけです。

ただ、その反面、彼の出自のよさは、性格にどこか甘いところがあるという弱みにもつながります。さらに、項羽が何をやっても中途半端に終わったという逸話も、その将来を予測させるものでしょう。「項羽本紀」の冒頭に、彼の末路を予測させる伏線が巧みに張られているのです。

秦《しん》の始皇帝《しこうてい》 会稽《かいけい》に游《あそ》び、浙江《せっこう》を渡《わた》るに、梁《りょう》 籍《せき》と倶《とも》に観《み》る。籍曰《せきいわ》く、「彼《かれ》 取《と》りて代《か》わる可《べ》きなり」と。梁《りょう》その口《くち》を掩《おお》いて曰《いわ》く、「妄言《もうげん》するなかれ。族《ぞく》せられん」と。梁《りょう》これを以《もっ》て籍《せき》を奇《き》とす。籍《せき》は長八尺《ちょうはっしゃく》余《あま》り、力《ちから》能《よ》く鼎《かなえ》を扛《あ》げ、才気《さいき》 人《ひと》に過《す》ぎ、呉中《ごちゅう》の子弟《してい》と雖《いえど》も、皆已《みなすで》に籍《せき》を憚《はばか》る。

◆秦始皇帝游二会稽一、渡二浙江一、梁与レ籍倶観。籍曰、「彼可二取而代一也」。梁掩二其口一曰、「毋二妄言一。族矣」。梁以レ此奇レ籍。籍長八尺余、力能扛レ鼎、才気過レ人、雖二呉中子弟一、皆已憚レ籍矣。

秦《しん》の始皇帝《しこうてい》が会稽《かいけい》に巡狩《じゅんしゅ》し、浙江《せっこう》を渡った時、項梁《こうりょう》は項籍《こうせき》といっしょに見物した。項籍はいった、「やつに取って代わってやるぞ」。項梁は項籍の口をおさえていった、「めったなことをいうものじゃない。一族皆殺しにされるぞ」。項梁はこのことで項籍を見どころのあるやつだと思った。項籍は身長は八尺あまり（一八〇センチメートル強）で、鼎《かなえ》を持ち上げられるほどの腕力があり、才気は並はずれており、呉《ご》の地域の若者たちも、みな以前から項籍には一目置いていた。

もう一つ、項羽の若き日の逸話です。始皇帝が会稽を訪れたのは一六〇ページにあげた前二一〇年の巡狩《じゅんしゅ》の一度きりですから、項梁《こうりょう》と項羽が始皇帝の姿を見たのはその時に違いありません。項梁は以前に人を殺し、仇《かたき》の目を逃れるために長江を東に渡り、会稽郡の呉《ご》県（現在の江蘇省蘇州《そしゅう》市）で土地の顔役として活動していました。そこでの話です。

❖❖❖❖

ところで、劉邦も始皇帝の姿を見たことがありました。こちらは何年のことかわかりませんが、労役に駆り出された村人を引率して咸陽《かんよう》に行き、市中で始皇帝を見たのです。その時、劉邦は「嗟乎《ああ》、大丈夫《だいじょうふ》　当《まさ》にかくの如《ごと》くなるべきなり――ああ、男と生まれたからには、あんなふうにならねばいけないのだなあ」と嘆息したと「高祖本紀」は伝えています。さらにもう一人、後に劉邦の参謀となり、「鴻門の会」でも重要な役割を果たす張良《ちょうりょう》は、前二一八年に陽武《ようぶ》の博浪沙《はくろうさ》（現在の河南省中牟《ちゅうぼう》県）で始皇帝を狙撃《そげき》したことがありました。こちらは「留侯世家《りゅうこうせいか》」に出ています。大言壮語した項羽が挫折《ざせつ》し、控え目なことばをもらした劉邦が天下を取り、直接行動に走った張良はその裏方に回ったというのが、何やらおもしろいですね。

秦《しん》の二《に》世元年《せいがんねん》の七月《しちがつ》、陳渉等《ちんしようら》　大沢中《だいたくちゅう》に起《た》つ。その九月《くがつ》、会稽守《かいけいしゅ》の通《とう》　梁《りょう》に謂《い》いて曰《いわ》く、「江西《こうせい》　皆反《みなはん》す。これ亦天《またてん》　秦《しん》を亡《ほろ》ぼすの時《とき》なり。吾聞《われき》く、先《さき》んずれば即《すなわ》ち人《ひと》を制《せい》し、後《おく》るれば則《すなわ》ち人《ひと》の制《せい》する所《ところ》と為《な》る、と。吾《われ》　兵《へい》を発《はっ》し、公及《こうおよ》び桓楚《かんそ》をして将《しょう》たら使《し》めんと欲《ほっ》す」と。この時《とき》、桓楚亡《かんそに》げて沢《たく》中《ちゅう》に在《あ》り。梁曰《りょういわ》く、「桓楚亡《かんそに》げ、人《ひと》その処《ところ》を知るなく、独《ひと》り籍《せき》これを知《し》るのみ」と。梁乃《りょうすなわ》ち出《い》でて籍《せき》に誡《いまし》め、剣《けん》を持《も》ちて外《そと》に居《お》りて待《ま》たしむ。梁復《りょうま》た入《い》り、守《しゅ》と坐《ざ》して曰《いわ》く、「請《こ》う、籍《せき》を召《め》し、命《めい》を受《う》けて桓楚《かんそ》を召《め》さ使《し》めん」と。守曰《しゅいわ》く、「諾《だく》」と。梁《りょう》　籍《せき》を召《め》して入《い》れ、須臾《しゅゆ》にして、梁《りょう》　籍《せき》に眴《めくばせ》して曰《いわ》く、「行《おこ》なう可《べ》し」と。ここに於《おい》て籍遂《せきつい》に剣《けん》を抜《ぬ》きて守《しゅ》の頭《こうべ》を斬《き》る。項梁《こうりょう》　守《しゅ》の頭《こうべ》を持《も》ち、その印綬《いんじゅ》を佩《はい》す。門下《もんか》大《おお》いに驚《おどろ》きて擾乱《じょうらん》し、籍《せき》の撃殺《げきさつ》する所《ところ》は数《すう》十百人《じゅうひやくにん》なり。一府《いっぷ》の中《うち》　皆慴伏《みなしょうふく》し、敢《あ》えて起《た》つものなし。

◆秦二世元年七月、陳渉等起㆓大沢中㆒。其九月、会稽守通謂㆑梁曰、「江西皆反。

此亦天亡レ秦之時也。吾聞先即制レ人、後則為二人所一レ制。吾欲三発レ兵、使二公及桓楚将一」。是時、桓楚亡在二沢中一。梁曰、「桓楚亡、人莫レ知二其処一、独籍知レ之耳」。梁乃出誡レ籍、持レ剣居レ外待。梁復入、与レ守坐曰、「請召レ籍、使三受レ命召二桓楚一」。守曰、「諾」。梁召レ籍入、須臾、梁眴レ籍曰、「可レ行矣」。於レ是籍遂抜レ剣斬二守頭一。項梁持二守頭一、佩二其印綬一。門下大驚擾乱、籍所二撃殺一数十百人。一府中皆慴伏、莫二敢起一。

秦《しん》の二《に》世皇帝《せいこうてい》の元年（前二〇九年）七月、陳渉《ちんしょう》らが大沢《だいたく》地域で蜂起《ほうき》した。同年の九月、会稽郡守《かいけいぐんしゅ》の殷通《いんとう》が項梁《こうりょう》にいった、「長江《ちょうこう》の西では、みなが反旗をひるがえした。これはやはり天が秦を滅ぼす時なのだ。わしは『先手を打てば人を制圧できるが、後手に回れば人に制圧される』と聞いている。わしは兵を挙げ、そなたと桓楚《かんそ》とを将軍に任命しようと思う」。当時、桓楚は逃亡して沼沢地帯に潜伏していた。項梁はいった、「桓楚は逃亡し、誰も居場所を知りませんが、項籍《こうせき》だけは知っております」。そして項梁は外に出て項籍にいいふくめ、剣を持って室外で待機させた。項梁は再び入室し、郡守と対座していった、「項籍をお召しになり、桓楚を呼び寄せるようにお命じください」。郡守は「わかった」と答えた。項梁は項籍を呼び入れ、しばらくしてから項梁は項籍に目くばせしていった、「やれ」。それを聞いて項籍はとうとう剣を抜いて郡守の首を斬った。項梁は郡守の首を持ち、その印綬《いんじゅ》を身につけた。郡守の部下たちはたいそう驚いて大騒ぎになった。項籍が撃ち殺した者は百人近くに上った。役所の中の者はみな恐れおののいて降伏し、抵抗しようとする者はいなかった。

❖❖❖❖

さて、いよいよ決起の場面です。「守《しゅ》」は郡の長官で、秦では郡守《ぐんしゅ》、漢より後は太守《たいしゅ》と呼ばれました。会稽郡守の姓が「殷《いん》」であったことは、前漢《ぜんかん》の陸賈《りくか》が著した『楚漢春秋《そかんしゅんじゅう》』という書物に出ていたようです。「ようです」と申しましたのは、『楚漢春秋』はすでに失われ、その内容が断片的かつ間接的にしか伝わっていないからです。桓楚《かんそ》という人物についてはよくわかりません。『史記』ではもう一箇所に出てきますが、大した活躍はしていません。「須臾《しゅゆ》」は時間の短いありさまを示す「畳韻《じょういん》」の語（一三五ページ参照）。「印綬《いんじゅ》」は官僚の印章とそれを結わえるための組紐《くみひも》で、項梁がそれを身につけたというのは、会稽郡守となったことを意味します。

「先《さき》んずれば即《すなわ》ち人《ひと》を制《せい》し、後《おく》るれば則《すなわ》ち人《ひと》の制《せい》する所《ところ》と為《な》る」は今でもよく使われることばですが、当時からすでに決まり文句となっていたようです。また、これは「すなわち」と訓読する助字の「即」「則」の用例や、「為〇所△」の受動態構文の例として、漢文法の解説書によく取り上げられる文章でもあります。他にも「項羽本紀」に出てくる助字や文章が文法書の用例に使われるケースは多く、これは高校の漢文教科書のほとんどが「項羽本紀」を教材に選んでいることの結果でしょう。

＊　＊　＊

前二〇九年九月に江東《こうとう》で決起した項梁と項羽は、翌年の二月に八千人の精鋭を率いて長江を西へと渡り、進撃を開始しました。この数字は最後にもう一度出てきますので、覚えておいてくださいね。項梁軍は行くさきざきで群盗の頭目黥布《げいふ》や陳勝の敗残兵などを吸収し、一大勢力に成長しました。やはり、名将項燕《こうえん》の子孫という金看板が利いたのでしょう。同年の五月、項羽は項梁の命令で襄城《じょうじょう》（現在の河南省襄城県）を攻め、抵抗した住民を皆殺しにしてしまいました。これは項羽の残虐な性格を象徴する出来事として、しばしば引き合いに出されます。

(4)　劉邦、初めて起つ――「高祖本紀」より

秦《しん》の二《に》世元年《せいがんねん》の秋《あき》、陳勝等《ちんしょうら》 蘄《き》に起《た》ち、陳《ちん》に至《いた》りて王《おう》たり、号《ごう》して張楚《ちょうそ》と為《な》す。諸《もろもろ》の郡県《ぐんけん》 皆多《みなおお》くその長吏《ちょうり》を殺《ころ》し、以《もつ》て陳渉《ちんしょう》に応《おう》ず。沛令恐《はいれいおそ》れ、沛《はい》を以《もつ》て渉《しょう》に応《おう》ぜんと欲《ほつ》す。掾《えん》・主吏《しゅり》の蕭何《しょうか》・曹参乃《そうさんすなわ》ち曰《いわ》く、「君《きみ》は秦《しん》の吏為《りた》り。今《いま》これに背《そむ》き、沛《はい》の子弟《してい》を率《ひき》いんと欲《ほつ》すれども、恐《おそ》らくは聴《き》かざらん。願《ねが》わくは君《きみ》 諸《もろもろ》の亡《に》げて外《そと》に在《あ》る者《もの》を召《め》されよ。数百人《すうひやくにん》を得可《うべ》し。因《よ》りて衆《しゅう》を劫《おびやか》さば、衆敢《しゅうあ》えて聴《き》かずんばあらざらん」と。乃《すなわ》ち樊噲《はんかい》をして劉季《りゅうき》を召《め》さ令《し》む。劉季《りゅうき》の衆《しゅう》、已《すで》に数十百人《すうじゅうひやくにん》なり。ここに於《おい》て樊噲《はんかい》 劉季《りゅうき》に従《したが》いて来《き》たる。

◆秦二世元年秋、陳勝等起レ蘄、至レ陳而王、号為二張楚一。諸郡県皆多殺二其長吏一、以応二陳渉一。沛令恐、欲二以レ沛応一レ渉。掾・主吏蕭何・曹参乃曰、「君為二秦吏一。今欲二背レ之、率二沛子弟一、恐不レ聴。願君召二諸亡在レ外者一。可レ得二数百人一。

因劫レ衆、衆不三敢不二聴一。乃令三樊噲召二劉季一。劉季之衆、已数十百人矣。於レ是樊噲従二劉季一来。

秦《しん》の二世皇帝の元年（前二〇九年）秋、陳勝《ちんしょう》らが蘄《き》で蜂起《ほうき》し、陳《ちん》まで進軍して王を称し、国号を張楚《ちょうそ》とした。あちらこちらの郡県では多くがその長官を殺して陳渉に呼応した。沛《はい》の県令《けんれい》は恐れ、沛を率いて陳渉に呼応しようとした。主吏《しゅり》の蕭何《しょうか》と獄掾《ごくえん》の曹参《そうさん》はいった、「あなたは秦の役人であります。今、秦に背き、沛の若者たちを統率しようとしておられますが、多分いうことを聴かないでしょう。どうか、［沛から］逃亡して県外にいる人々を呼びもどしてください。数百人を得ることができるでしょう。そうすることで若者たちを脅せば、彼らもいうことを聴かずにはおれますまい」。そこで樊噲《はんかい》に命じて劉季《りゅうき》を呼びもどさせた。劉季の部下は、すでに百人ちかくになっていた。こうして樊噲は劉季に付き従ってやって来た。

❖　❖　❖　❖

「高祖本紀」は『史記』の巻八、本紀十二篇の八番目、「項羽本紀」に続く一篇です。これまたいうまでもなく、前漢の初代皇帝となった高祖劉邦《こうそりゆうほう》の一代記です。

「高祖本紀」の冒頭には、彼の母親の劉媼《りゆうおん》が沢の堤でうたた寝をして神と出合う夢を見たこと、その時にわかに雷電が起こって空がかき曇り、心配した夫の太公《たいこう》が見にゆくと妻の上に龍が乗っており、やがて劉媼は身ごもって劉邦が生まれたこと、などの神話的な記事が並んでいます。これらは一つの王朝の開祖を神秘化するために創作された説話群で、それなりにおもしろいのですが、ここでは割愛しました。

さて、本段は項羽が決起したのと同じ前二〇九年九月の記事。劉邦が決起するまでの経緯を記した一節です。彼はここでは「劉季《りゆうき》」と呼ばれていますが、「季」は劉邦の字《あざな》で、末っ子であったことを示します。蘄《き》は県名で現在の安徽《あんき》省宿州《しゆくしゆう》市、陳勝たちが蜂起した大沢郷《だいたくきよう》はその県下にあります。沛《はい》は劉邦の郷里で現在の江蘇《こうそ》省沛県、山東《さんとう》省に隣接したところです。令《れい》は県令《けんれい》で県の長官、掾《えん》・主吏《しゆり》はともにその属官です。本段に登場する蕭何《しようか》・曹参《そうさん》・樊噲《はんかい》の三人は、後々まで劉邦の腹心として活躍しました。蕭何は漢の初代の相国《しようこく》（総理大臣）を務め、曹参はその後任となりました。樊噲は後の「鴻門の会」で大活躍します。本書では蕭何・曹参のことは詳しく紹介できませんが、樊噲の活躍は二三二ページ以下で見ることになります。

沛令後悔《はいれいこうかい》し、その変有《へんあ》らんことを恐《おそ》れ、乃《すなわ》ち城《しろ》を閉《と》ざして城守《じょうしゅ》し、蕭《しょう》・曹《そう》を誅《ちゅう》せんと欲《ほっ》す。蕭《しょう》・曹恐《そうおそ》れ、城《しろ》を踰《こ》えて劉季《りゅうき》に保《たよ》る。劉季乃《りゅうきすなわ》ち帛《はく》に書《しょ》して城上《じょうじょう》に射《い》、沛《はい》の父老《ふろう》に謂《い》いて曰《いわ》く、「天下《てんか》　秦《しん》に苦《くる》しむこと久《ひさ》し。今《いま》　父老《ふろう》沛令《はいれい》の為《ため》に守《まも》ると雖《いえど》も、諸侯並《しょこうなら》び起《お》こり、今《いま》に沛《はい》を屠《ほふ》らん。沛《はい》　今共《いまとも》に令《れい》を誅《ちゅう》し、子弟《してい》の立《た》つ可《べ》き者《もの》を択《えら》びてこれを立《た》て、以《もっ》て諸侯《しょこう》に応《おう》ずれば、則《すなわ》ち家室完《しつまった》からん。然《しか》らずんば、父子倶《ふしとも》に屠《ほふ》られ、為《な》すことなからん」と。父老《ふろう》乃《すなわ》ち子弟《してい》を率《ひき》いて共《とも》に沛令《はいれい》を殺《ころ》し、城門《じょうもん》を開《ひら》きて劉季《りゅうき》を迎《むか》え、以《もっ》て沛令《はいれい》と為《な》さんと欲《ほっ》す。

◆沛令後悔、恐二其有一レ変、乃閉レ城城守、欲レ誅二蕭・曹一。蕭・曹恐、踰レ城保二劉季一。劉季乃書レ帛射二城上一、謂二沛父老一曰、「天下苦レ秦久矣。今父老雖下為二沛令一守上、諸侯並起、今屠レ沛。沛今共誅レ令、択二子弟可レ立者一立レ之、以応二諸侯一、則家室完。不レ然、父子俱屠、無レ為也」。父老乃率二子弟一共殺二沛令一、開二城門一迎二劉季一、欲三以為二沛令一。

沛《はい》の県令《けんれい》は「劉季《りゅうき》を呼びもどしたことを」後悔し、彼が変事を引き起こすことを恐れ、城門を閉ざして籠城《ろうじょう》し、蕭何《しょうか》と曹参《そうさん》とを誅殺《ちゅうさつ》しようとした。蕭何と曹参は恐れ、城壁を乗り越えて劉季に頼った。劉季はそこで絹布に文《ふみ》を書いて城壁の上めがけて射かけ、沛の父老《ふろう》たちに告げた、「天下は長年にわたって秦《しん》に苦しんできた。今、父老たちは沛の県令のために籠城しておられるが、諸侯が次々と決起し、今にも沛を全滅させてしまうだろう。沛「の父老たち」が今すぐみなで県令を誅殺し、若者の中から擁立するに値する者を選んで擁立し、そうすることで諸侯に呼応すれば、一族は安泰だろう。そうでなければ親子ともども殺され、為《な》すことなくして終わるのだぞ」。父老たちはそこで若者を率いてみなで沛の県令を殺し、城門を開いて劉季を迎え入れ、彼を沛の県令にしようとした。

❖ ❖ ❖ ❖

「父老《ふろう》」というのは村里の長老たちのことで、民衆の生活は、中央政府から派遣されてくる官僚たちではなく、父老たちの指導のもとで営まれていました。後の「法三章《ほうさんしょう》」のところでも、劉邦は父老たちを相手に演説しています。将軍の家柄であった項羽とは異なり、農民の出身であった劉邦は、実際に民衆を動かすにはどこを押せばよいのかという政治力学をよくわきまえていたのです。項羽の挫折《ざせつ》と劉邦の成功との分かれ目の一つは、こうしたところにもあったのではないでしょうか。

＊　　＊　　＊

沛の県令に推戴《すいたい》された劉邦は、自分は適任ではないと辞退しました。しかし、反乱が失敗すれば首謀者として処刑されることを恐れた人々は、みな尻《しり》ごみしました。結局、父老たちの勧めで劉邦がその地位に就き、以来、彼は「沛公《はいこう》」と呼ばれることになります。そして蕭何・曹参・樊噲の協力のもと、二、三千人の若者を集めて徐々に勢力を拡大しました。ちなみに、劉邦は前二五六年の生まれとも、前二四七年の生まれとも伝えられています。仮に後者でも決起した前二〇九年にはすでに三十九歳になっており、項羽よりも十五歳の年長ということになります。

(5) 策士范増《はんぞう》――「項羽本紀」より

居鄛の人《ひと》 范増《はんぞう》、年七十《とししちじゅう》、素《もと》 家《いえ》に居《お》りて奇計《きけい》を好《この》み、往《ゆ》きて項梁《こうりょう》に説《と》きて曰《いわ》く、「陳勝《ちんしょう》の敗《やぶ》るること固《もと》より当《あ》たれり。それ秦《しん》 六国《りっこく》を滅《ほろ》ぼすに、楚《そ》最《もっと》も罪《つみ》なし。懐王《かいおう》 秦《しん》に入《い》りて反《かえ》らざりしより、楚人《そひと》これを憐《あわ》れみて今《いま》に至《いた》る。故《ゆえ》に楚《そ》の南公曰《なんこういわ》く、『楚《そ》は三戸《さんこ》と雖《いえど》も、秦《しん》を亡《ほろ》ぼすは必《かなら》ず楚《そ》なり』と。今《いま》 陳勝《ちんしょう》 事《こと》を首《はじ》むるに、楚《そ》の後《のち》を立《た》てずして自《みずか》ら立《た》つ。その勢《いきお》い長《なが》からず。今《いま》 君《きみ》 江東《こうとう》より起《た》ち、楚《そ》の蠭午《ほうご》の将《しょう》 皆争《みなあらそ》いて君《きみ》に附《つ》くは、君《きみ》 世世《よよ》 楚《そ》の将《しょう》にして、能《よ》く復《ま》た楚《そ》の後《のち》を立《た》つと為《な》すを以《もっ》てなり」と。ここに於《おい》て項《こう》梁《りょう》その言《げん》を然《しか》りとし、乃《すなわ》ち楚《そ》の懐王《かいおう》の孫《まご》の心《しん》の民間《みんかん》に人《ひと》の為《ため》に羊《ひつじ》を牧《ぼく》するを求《もと》め、立《た》てて楚《そ》の懐王《かいおう》と為《な》す。民《たみ》の望《のぞ》む所《ところ》に従《したが》うなり。

◆居鄛人范増、年七十、素居ㇾ家好二奇計一、往説二項梁一曰、「陳勝敗固当。夫秦滅二六国一、楚最無レ罪。自二懐王入レ秦不レ反、楚人憐レ之至レ今。故楚南公曰、『楚雖二三戸一、亡レ秦必楚也』。今陳勝首レ事、不レ立二楚後一而自立。其勢不レ長。今君起二江東一、楚蠭午之将皆争附レ君者、以四君世世楚将、為三能復立二楚之後一也」。於レ是項梁然二其言一、乃求二楚懐王孫心民間為レ人牧レ羊、立為二楚懐王一。従二民所レ望也。

居鄛《きょそう》の人であった范増《はんぞう》は七十歳で、以前から［仕官せずに］家にいて奇抜な計略を好み、項梁《こうりょう》を訪問して進言した、「陳勝《ちんしょう》が負けたのは当然のことじゃ。そもそも秦《しん》が六国《りっこく》を滅ぼした時、わが楚《そ》は一番罪がなかった。懐王《かいおう》さまが秦に抑留されたまま帰国なさらなかって以来、楚の人々は今になってもそれを憐《あわ》れんでおる。だから楚の南公《なんこう》は『楚はたとえ三軒だけになっても、秦を滅ぼすのは必ず楚である』といったのだ。今、陳勝は最初に事を起こしたが、楚の［王室の］子孫を擁立せずに自分で王になった。［そのため］やつらの勢力は長続きしなかったのじゃ。今、そなたは江東で決起し、楚の各地で蜂起した武将たちがみなこぞってそなたに付き従っているのは、そなたが代々楚の将軍の家柄で、再び楚の子孫を擁立する力があると思っているからなのだぞ」。項梁は范増の意見をもっともだと思い、そこで楚の懐王の孫の心《しん》という、民間で人に雇われて羊飼いをしていた者を探し出し、擁立して楚の懐王と呼んだ。民衆の希望に従ったのである。

❖　❖　❖　❖

秦の二世皇帝二年（前二〇八年）の記事。同年二月に長江を西へと渡った項梁軍《こうりょう》は、四月に孟嘗君《もうしょうくん》の故地でもあった薛《せつ》（現在の山東省《さんとうしょう》薛城《せつじょう》区）まで進み、他の場所で決起した人々を召集しました。薛は劉邦が旗揚げした沛の近隣の町で、そのため劉邦も召集に応じて項梁軍に合流したのです。そこへもう一人、范増《はんぞう》という老人がやってきました。名将のもとに名参謀ありといわれるように、范増はこれ以降、項梁・項羽の参謀として重要な役割を果たします。それはおいおい見ることにしまして、ここでは彼の進言の意図を説明しておきましょう。懐王《かいおう》というのは、前三二八年から前二九九年まで楚王の地位にあった人物です。その前二九九年、秦の昭王《しょうおう》から会見を強要する書簡が届き、懐王は苦慮した後に秦に赴いたのですが、懸念したとおり抑留されてしまいました。結局、楚では別の王を擁立せざるを得ず、懐王は前二九六年に秦で客死しました。楚の人々にとって懐王は、秦の犠牲者の象徴であり、秦への怨《うら》みの源泉でもあったわけです。その悲劇を引き合いに出し、「項燕《こうえん》が楚の王族を擁立して秦に抵抗したのと同じ行動を取ってこそ、そなたは本当に項燕の息子として人心を掌握できるのだ」と范増は訴えかけたのです。項梁はそれを理解し、六月、懐王の孫を探し出して擁立しました。その人物に同じく「懐王」と名乗らせたのも、あるいは范増の入れ知恵だったかもしれません。

南公《なんこう》については皆目わかりません。『史記』の注釈書の中には陰陽家《いんようか》の思想家だとか道士《どうし》だとか書いているものもありますが、これらは本段のことばから逆に類推したもので、あてにしない方がよいでしょう。「三戸」にも地名とする説や三つの王族の家とする説がありますが、やはり素直に「三軒の家」と解釈しておくのが無難だと思います。「鼇午《ほうご》」の「鼇」は「蜂《ほう》」と同じで、「鼇午」は蜂起するの意味です。

＊　＊　＊

范増の進言に従って懐王を擁立した項梁は、盱台《くい》（現在の江蘇省盱眙《くい》県）を都に定め、自身は武信君《ぶしんくん》の称号を名乗りました。そして項羽と劉邦に命じて各地を転戦させました。二人は協力して八月に雍丘《ようきゆう》（現在の河南省杞《き》県）で秦軍を破り、李斯《りし》の子の李由《りゆう》を斬るなどの戦果を上げました。一方、項梁も大軍を率いて無敵の勢いで進撃を続けました。

しかし、勝利に酔った項梁は次第に増長し、部下の宋義《そうぎ》という人などは項梁の敗北を予言するまでになりました。そして案の定、項梁は九月に定陶《ていとう》（現在の山東省定陶県）で秦将章邯《しょうかん》に敗れ、戦死してしまったのです。呉《ご》で決起したのが前年の九月でしたから、項梁の実質的な活動期間はわずか一年ということになります。

(6) 懐王《かいおう》の約束――「高祖本紀」より

秦二世《しんにせい》の三年《さんねん》、楚《そ》の懐王《かいおう》 項梁《こうりょう》の軍破《ぐんやぶ》るるを見《み》、恐《おそ》れて盱台《くい》より徙《うつ》りて彭城《ほうじょう》に都《みやこ》し、呂臣《りょしん》・項羽《こうう》の軍《ぐん》を幷《あわ》せて自《みずか》らこれに将《しょう》たり。沛公《はいこう》を以《もつ》て碭郡《とうぐん》の長《ちょう》と為《な》し、封《ほう》じて武安侯《ぶあんこう》と為《な》し、碭郡《とうぐん》の兵《へい》を将《ひき》いしむ。項羽《こうう》を封《ほう》じて長安侯《ちょうあんこう》と為《な》し、号《ごう》して魯公《ろこう》と為《な》す。呂臣《りょしん》を司徒《しと》と為《な》し、その父《ちち》の呂青《りょせい》を令尹《れいいん》と為《な》す。趙《ちょう》 数《しばしば》 救《すく》いを請《こ》い、懐王乃《かいおうすなわ》ち宋義《そうぎ》を以《もつ》て上将軍《じょうしょうぐん》と為《な》し、項羽《こうう》を次将《じしょう》と為《な》し、范増《はんぞう》を末将《まつしょう》と為《な》し、北《きた》のかた趙《ちょう》を救《すく》わしむ。沛公《はいこう》をして西《にし》のかた地《ち》を略《りゃく》して関《かん》に入《い》ら令《し》む。諸将《しょしょう》と約《やく》すらく、「先《さき》に入《い》りて関中《かんちゅう》を定《さだ》むる者《もの》、これに王《おう》たらしめん」と。

◆秦二世三年、楚懐王見二項梁軍破一、恐徙二盱台一都二彭城一、并二呂臣・項羽軍一自将レ之。以二沛公一為二碭郡長一、封為二武安侯一、将二碭郡兵一。封二項羽一為二長安侯一、号為二魯公一。呂臣為二司徒一、其父呂青為二令尹一。趙数請レ救、懐王乃以二宋義一為二上将軍一、項羽為二次将一、范増為二末将一、北救レ趙。令二沛公西略レ地入一レ関。与二諸将一約、「先入定二関中一者王レ之」。

秦の二世皇帝の三年（前二〇七年）、楚《そ》の懐王《かいおう》は項梁《こうりょう》の軍が敗れたのを見、恐れて盱台《くい》から彭城《ほうじょう》へと都を遷《うつ》し、呂臣《りょしん》と項羽《こうう》の軍を合併して自分で統率した。沛公《はいこう》を碭郡《とうぐん》の長官とし、武安侯《ぶあんこう》の爵位を与えて碭郡の兵を統率させた。項羽に長安侯《ちょうあんこう》の爵位を与え、魯公《ろこう》の称号を与えた。呂臣を司徒《しと》とし、彼の父の呂青《りょせい》を令尹《れいいん》とした。趙《ちょう》がたびたび救援を求めてきたので、懐王は宋義《そうぎ》を上将軍とし、項羽を次席の将軍とし、范増《はんぞう》を末席の将軍として北方の趙を救援させた。沛公に命じて西方の地域を攻略して関中《かんちゅう》に侵入させようとした。［それに先立って懐王は］将軍たちと約束した、「真っ先に関中に入って平定した者を関中の王にする」と。

❖ ❖ ❖ ❖

本段は「高祖本紀」では前二〇七年の記事とされていますが、「秦楚之際月表《しんそのさいげつぴょう》」では懐王《かいおう》が盱台《くい》から彭城《ほうじょう》（現在の江蘇省徐州《こうそじょしゅう》市）に都を遷《うつ》したのが前二〇八年の九月、諸将の称号や官職を定めて陣容を立て直し、彼らと約束を交わした上で宋義《そうぎ》・項羽・范増《はんぞう》らを趙《ちょう》へ向かわせたのが閏《うるう》九月となっています。

人名や官名、地名もたくさん出てきます。呂臣《りょしん》はもとは陳勝《ちんしょう》の部下で、陳勝を殺した荘賈《そうか》を斬って主人の仇《かたき》を討った後、黥布《げいふ》らとともに項梁軍に合流した人物です。司徒《しと》は文教関係を統括する大臣、令尹《れいいん》は総理大臣。当時の情勢から考えてこのような官職が実質的に機能したとは思えませんから、懐王は呂臣の兵権を奪う見返りに名目だけの官職を呂臣親子に与えたのでしょう。宋義は項梁の敗北を予言するなど、見識や弁舌に優れた人物で、懐王に気に入られていました。そのため、項羽を押さえて上将軍に任命されたのです。碭《とう》は現在の安徽《あんき》省碭山《とうざん》県。関中は秦の本拠で現在の陝西《せんせい》省一帯。周りを山に囲まれ、そこに入るには函谷関《かんこくかん》や武関《ぶかん》・嶢関《ぎょうかん》などの関所を通過せねばならないため、都の咸陽《かんよう》から見て関所の内側という意味で関中と呼ばれました。

さて、本段で重要なのは「真っ先に関中に入って平定した者を関中の王にする」という約束が懐王と将軍たちとの間で交わされたことです。当時、項梁軍はリーダーを失って戦略に迷いが生じ、反対に秦軍は当初の劣勢を盛り返して意気が上がっていました。そこで懐王は、将軍たちの前に「関中の王」という餌をぶらさげたわけです。ところが、将軍の多くは関中攻略に乗り気ではありませんでした。そんな中、項羽だけが叔父《おじ》を討たれた怨みにかられ、劉邦を連れて関中に乗りこみたいと申し出ました。項羽は劉邦を部下の一人ぐらいにしか見ていなかったのでしょう。しかし、それを聞いた年配の将軍たちは、項羽はかつて襄城《じょうじょう》の住民を皆殺しにしたように狂暴な性格で、秦の人民の反感を買うだろうから、むしろ寛大な人格者である劉邦だけをつかわす方がよい、と懐王に進言しました。おりしも北方では、張耳《ちょうじ》と陳余《ちんよ》らが趙の王族を擁立して趙の復興を図ったものの、秦軍に包囲されて苦戦していました。そこで懐王は、項羽を趙の救援に向かわせ、関中攻略には劉邦を当てることにしたのです。前二〇八年の閏九月、それまでコンビを組んでいた二人は別々の方向を目指して彭城を出立しました。次に彼らが出合うのは前二〇六年の十二月、「鴻門の会」でのことになります。

＊　＊　＊

北に向かった項羽は、前二〇七年の十一月に宋義を殺して上将軍の地位を奪い、趙に展開していた秦軍をけちらした後、七月には章邯《しょうかん》からの降伏の申し出を受け入れました。陳勝・呉広《ごこう》の蜂起《ほうき》を鎮圧して以来、秦軍のエースとして立ちはだかってきた章邯は、ここに項羽の軍門に降ったのです。そこには秦の国内事情が関係しているのですが、これは次段のコラムで説明します。項羽は秦の兵士たちを先に立てて西進しました。しかし、前二〇六年十一月に新安《しんあん》（現在の河南《かなん》省義馬《ぎば》市）まで来た時、彼らに反乱の兆しが見えたので、項羽は黥布らと謀って秦軍二十万人あまりを生き埋めにして殺してしまいました。そして翌十二月、項羽はついに函谷関に到達しました。

一方、劉邦は黄河の南を転戦した後、洛陽《らくよう》から南下して前二〇七年の七月に南陽《なんよう》（現在の河南省南陽市）を攻め落とし、八月には武関《ぶかん》を破って関中に入りました。九月、劉邦はもう一つの関所である嶢関《ぎょうかん》まで進みましたが、こちらは守備が厳重でたやすく破れそうにはありませんでした。その時、同行していた張良《ちょうりょう》が、敵将を金品で誘惑してひとまず和睦《わぼく》し、敵兵が油断した隙に奇襲をかけるのがよいと進言し、劉邦はその策を採用して嶢関を突破することに成功しました。こうして劉邦は秦の心臓部に迫ったのです。

(7) 秦の滅亡——「高祖本紀」より

漢《かん》の元年《がんねん》十月《じゆうがつ》、沛公《はいこう》の兵《へい》遂《つい》に諸侯《しよこう》に先《さき》んじて霸上《はじよう》に至《いた》る。秦王子嬰《しんおうしえい》、素《そ》車《しや》・白馬《はくば》もて、頸《くび》に係《か》くるに組《そ》を以《もつ》てし、皇帝《こうてい》の璽《じ》・符節《ふせつ》を封《ふう》じ、軹道《しどう》の旁《かたわら》に降《くだ》る。諸将或《しよしようある》いは秦王《しんおう》を誅《ちゆう》せんことを言《い》う。沛公曰《はいこういわ》く、「始《はじ》め懐王《かいおう》の我《われ》を遣《つか》わししは、固《もと》より能《よ》く寛容《かんよう》なるを以《もつ》てなり。且《か》つ人已《ひとすで》に服降《ふくこう》するに、又《また》これを殺《ころ》すは不祥《ふしよう》なり」と。乃《すなわ》ち秦王《しんおう》を以《もつ》て吏《り》に属《しよく》し、遂《つい》に西《にし》して咸陽《かんよう》に入《い》り、宮《きゆう》に止《とど》まりて休舎《きゆうしや》せんと欲《ほつ》す。樊噲《はんかい》・張良《ちようりよう》諫《いさ》む。乃《すなわ》ち秦《しん》の重宝《じゆうほう》・財物《ざいぶつ》の府庫《ふこ》を封《ふう》じ、軍《ぐん》を霸上《はじよう》に還《かえ》す。

◆漢元年十月、沛公兵遂先三諸侯二至三霸上一。秦王子嬰、素車・白馬、係レ頸以レ組、封二皇帝璽・符節一、降二軹道旁一。諸将或言レ誅二秦王一。沛公曰、「始懐王遣レ我、固以二能寛容一。且人已服降、又殺レ之不祥」。乃以二秦王一属レ吏、遂西入二咸陽一、欲二止レ宮休舎一。樊噲・張良諫。乃封二秦重宝・財物府庫一、還二軍霸上一。

漢《かん》の元年（前二〇六年）十月、沛公《はいこう》の兵はとうとう諸侯に先んじて霸上《はじょう》に到達した。秦王子《しんおうし》嬰《えい》は白馬に引かせた白木の車に乗り、首に組紐《くみひも》をかけ、皇帝の御璽《ぎょじ》や兵符《へいふ》を封印し、軹道亭《しどうてい》の傍らで降伏した。武将の中には秦王を誅殺せよという者もいた。沛公はいった、「当初、懐王《かいおう》さまがわたくしを［関中《かんちゅう》に］派遣なさったのは、いうまでもなく寛容な処置が取れるとお思いだったからだ。それに、すでに降伏した人をさらに殺すというのは縁起の悪いことだ」。こうして秦王を役人に引き渡し、そのまま西へ進んで咸陽に入り、宮殿に止まって休息しようとした。樊噲《はんかい》と張良《ちょうりょう》は諫《いさ》めた。そこで秦の宝物や財貨を納めた倉庫を封印し、軍を霸上に返した。

❖ ❖ ❖ ❖

前二〇六年の十月、つまり年始早々に秦は滅亡しました。前二二一年の天下統一から、わずか十六年後のことでした。当時、劉邦はまだ「漢王」にもなっていません。まして や漢帝国が生まれるまでには、さらに数年を要します。しかし、劉邦は後に、この時点で秦から漢への王朝交代がなし遂げられたのだと考え、この年を「漢の元年」と定めました。

「白」は中国での喪服の色で、朝鮮半島の諸国やベトナムなど中国文化の影響が強かった地域では、今でも喪服に白を用いています。首に組紐《くみひも》をかけたのは、この紐で自害させてくださいという意思を示したもので、降伏帰順の礼に特有の行為です。「璽《じ》」は印章、「符節」は二一八ページで説明した兵符。後者は「符」と「節」とに分けて兵符と旗さしものと解釈することも可能です。霸上《はじょう》は現在の陝西《せんせい》省西安《せいあん》市東南の地で、渭水《いすい》に南から注ぎこむ霸《は》水《すい》の上《ほとり》に位置したことからそう呼ばれました。軹道《しどう》は霸上から霸水の流れに沿って少し下ったところです。

　子嬰の降伏を受けいれた劉邦は、そのまま進んで渭水を渡り、咸陽の宮殿に居座ろうとしました。秦の財宝や宮女たちを独占しようとしたのです。劉邦はもともと大酒呑《の》みで女ぐせも悪く、謹厳な人物ではありませんでした。それでも決起してからは慎重に行動していたようですが、秦を滅ぼすという大事業を達成して思わず地金が出たのでしょう。それを見た樊噲と張良は、項羽に劉邦討伐の口実を与えかねないと心配しました。このころ、項羽は降伏させた秦の大軍を先立てて近づきつつあり、張良たちはその動向を絶えず注視していたものと思われます。劉邦は彼らの諫めに従い、霸上に撤退しました。

★秦帝国最後の日々

始皇帝が崩御してから二世皇帝が即位するまでの経緯は、すでに紹介しました。ここではその後のことを簡単に記しておきたいと思います。

扶蘇《ふそ》を自殺に追いこみ、胡亥《こがい》を二世皇帝に擁立することに成功した宦官《かんがん》の趙高《ちょうこう》は、秦の実権を掌握しました。こうなると煙たい存在は、秘密を共有している李《り》斯《し》です。趙高は李斯の息子の李由《りゆう》が項羽に敗れたこと（一九五ページ）を口実に、楚《そ》の出身である李斯は同じ楚の項羽陣営に内通していると讒言《ざんげん》し、前二〇七年七月に李斯を処刑しました。

こうして趙高は李斯に代わって丞相《じょうしょう》（総理大臣）となり、横暴を極めるようになりました。それを象徴する成語に「鹿《しか》を指《さ》して馬《うま》と為《な》す」があります。ある時、趙高は二世皇帝に一頭の鹿を献上し、「馬でございます」といいました。皇帝が「これは鹿ではないか」と笑いながら群臣に確かめると、ある者は鹿だと答え、またある者は馬だと答えました。趙高は自分に忠実な者とそうでない者とを見分けようとしたのです。やがて、鹿だと答えた人々は秘《ひそ》かに処罰されました。

宮中で趙高が権力をもてあそんでいる間に、外での戦況は次第に悪化してゆきました。李斯が処刑されたのと同じ七月、章邯《しょうかん》が項羽に降伏したのも、勝てば趙高に妬《ねた》まれるし、負ければ処刑されると判断し、進退に谷《きわ》まったためでした。こうなると、さすがの二世皇帝も放置できず、趙高の責任を問い始めました。八月、趙高は二世皇帝を殺し、その甥《おい》の子嬰《しえい》を後釜《あとがま》に据えました。この時、天下の大半を反乱軍に奪われた現状で「皇帝」を名乗るのはおこがましい、と趙高が主張したため、子嬰は三世皇帝ではなく秦王を称することになりました。即位の儀式の日、自分もいずれは趙高に殺されるだろうと考えた子嬰は、わざと儀式に出ず、呼びにきた趙高を逆に殺してしまいました。子嬰が劉邦に降伏するのは、それからわずか四十六日後のことになります。

(8)　法三章《ほうさんしょう》——「高祖本紀」より

諸県《しょけん》の父老《ふろう》・豪桀《ごうけつ》を召《め》して曰《いわ》く、「父老《ふろう》　秦《しん》の苛法《かほう》に苦《くる》しむこと久《ひさ》し。誹《ひ》謗《ぼう》する者《もの》は族《ぞく》せられ、偶語《ぐうご》する者《もの》は弃市《きし》せらる。吾《われ》　諸侯《しょこう》と先《さき》に関《かん》に入《い》る者《もの》はこれに王《おう》たらしめんと約《やく》す。吾当《われまさ》に関中《かんちゅう》に王《おう》たるべし。父老《ふろう》と約《やく》するは、法三章《ほうさんしょう》のみ。人《ひと》を殺《ころ》す者《もの》は死《し》し、人《ひと》を傷《きず》つくるもの及《およ》び盗《ぬす》むものは罪《つみ》に抵《あた》る。余《よ》は悉《ことごと》く秦《しん》の法《ほう》を除《のぞ》き去《さ》らん。諸《もろもろ》の吏人《りじん》は皆案堵《みなあんど》すること故《もと》の如《ごと》し。凡《およ》そ吾《われ》の来《き》たる所以《ゆえん》は、父老《ふろう》の為《ため》に害《がい》を除《のぞ》かんとすればなり。侵暴《しんぼう》する所有《ところあ》るに非《あら》ざれば、恐《おそ》るることなかれ。且《か》つ吾《われ》の軍《ぐん》を覇上《はじょう》に還《かえ》す所以《ゆえん》は、諸侯《しょこう》の至《いた》るを待《ま》ちて約束《やくそく》を定《さだ》めんとするのみ」と。乃《すなわ》ち人《ひと》をして秦吏《しんり》と与《とも》に県《けん》・郷《きょう》・邑《ゆう》を行《めぐ》りてこれを告諭《こくゆ》せ使《し》む。秦人大《しんひとおお》いに喜《よろこ》び、争《あらそ》いて牛羊酒食《ぎゅうようしゅしょく》を持《も》ち、軍士《ぐんし》に献饗《けんきょう》す。沛公又譲《はいこうまたゆず》りて受《う》けず。曰《いわ》く、「倉粟多《そうぞくおお》く、乏《とぼ》しきには非《あら》ず。人《ひと》を費《ついや》すを欲《ほっ》せず」と。人又《ひとまた》益《ますます》喜《よろこ》び、唯《た》だ沛公《はいこう》の秦王《しんおう》と為《な》らざらんことを恐《おそ》る。

◆召二諸県父老・豪桀一曰、「父老苦二秦苛法一久矣。誹謗者族、偶語者弃市。吾与二諸侯一約二先入レ関者王一レ之。吾当レ王二関中一。与二父老一約、法三章耳。殺レ人者死、傷レ人及盗抵レ罪。余悉除二去秦法一。諸吏人皆案堵如レ故。凡吾所三以来一、為二父老一除レ害。非レ有レ所二侵暴一、無レ恐。且吾所三以還二軍霸上一、待二諸侯至一而定二約束一耳」。乃使下人与二秦吏一行二県・郷・邑一、告中諭之上。秦人大喜、争持二牛羊酒食一、献二饗軍士一。沛公又譲不レ受。曰、「倉粟多、非レ乏。不レ欲レ費レ人」。人又益喜、唯恐二沛公不一レ為二秦王一。

［沛公《はいこう》は霸上《はじょう》に引き返す前に］各県の父老《ふろう》や豪傑たちを召集して告げた、「父老がたは長らく秦の苛酷な法律に苦しんでこられました。政治を批判した者は一族皆殺しにされ、向かい合って立ち話をした者は死刑に処せられたのです。わたくしは諸侯と、真っ先に関中に入った者を関中の王にすると約束しました。わたくしが関中の王になるに違いありません。父老がたと約束するのは三箇条の法律だ

けであります。人を殺した者は死罪、人を傷つけた者と盗みをはたらいた者は［それぞれの程度に応じた］罪に処す、と。それ以外は、秦の法律を全廃しようと思います。官吏や人民は、みなこれまでどおりの生活を安心して営んでください。そもそも、わたくしがまいった理由は、父老がたのために弊害を除いてさしあげようとしたからであります。侵略や乱暴をはたらくことはありませんから、ご心配はいりません。それに、わたくしが軍を覇上に返す理由は、諸侯の到着を待って約束を確定しようとする、ただそれだけであります」。そして使者をつかわして秦の官吏とともに各県・各郷・各邑《ゆう》を巡回してその趣旨を布告させた。秦の人々はたいそう喜び、こぞって牛肉や羊肉、酒や食物を持参し、兵士たちに献上してもてなそうとした。沛公はまた辞退して受け取ろうとはしなかった。「倉庫の穀物はたっぷりありますから、窮乏してはおりません。人民をわずらわせたくはございません」。人々はますます喜び、沛公が秦王とならないことだけを恐れた。

❖❖❖❖

「高祖本紀」の、前段のすぐ後に続く部分です。「父老《ふろう》」については一九一ページで解説しました。「豪桀《ごうけつ》」は「豪傑」と同じで顔役のこと。「弃市《きし》」は「棄市《きし》」とも書き、人の集まる市場で公開処刑することをいいます。最後の一文は直訳しましたが、「沛公以外の人物が秦王になることを恐れた」「沛公が秦王となることをひたすら願った」などと訳してもかまいません。

秦は厳格な法体系を作り上げていました。社会の末端まで管理するために、細かい法の網を張りめぐらしていたのです。こうした体制は、戦国初期に秦の丞相《じょうしょう》を務めた法家《ほうか》思想家の商鞅《しょうおう》（?～前三三八年）に始まり、同じく法家思想家であった李斯《りし》によって強化されました。まさしく関中の人々は、長らく秦の苛酷な法律に苦しんできたわけです。

殺人・傷害・窃盗にだけ法律を適用し、後は秦の法律を全廃するという「法三章」の宣言は、もちろんリップサービスにすぎません。これでは統治が不可能であることを劉邦は百も承知でしたし、決起以来の同志で有能な行政マンでもあった蕭何《しょうか》は、咸陽に着くなり他のものには目もくれず、秦の法律文書や戸籍類を押収しました。関中の王になるであろう劉邦の統治に役立てようとしたのです。また、秦の法律がすぐに廃止されたわけでもなく、たとえば「焚書《ふんしょ》」にからんで施行された「挟書律《きょうしょりつ》」（書籍所持の禁令）

が廃止されたのは、高祖劉邦が崩御して息子の恵帝《けいてい》の代になった前一九一年でした。
しかし、それらは全て後になってわかること。関中の人々は旱天《かんてん》の慈雨《じう》のような劉邦の宣言に、たちまち魅了されてしまいました。その喜びように思いをはせ、与謝蕪村《よさぶそん》は次のような一句を残しています。

畑《はた》うちや法三章《ほうさんしょう》の札《ふだ》のもと（『蕪村句集《ぶそんくしゅう》』）

(9) 鴻門《こうもん》の会《かい》、その前夜――「項羽本紀」より

行《ゆくゆ》く秦《しん》の地《ち》を略定《りゃくてい》し、函谷関《かんこくかん》に至《いた》る。兵有《へいあ》りて関《かん》を守《まも》り、入《い》るを得《え》ず。又《また》沛公已《はいこうすで》に咸陽《かんよう》を破《やぶ》ると聞《き》き、項羽《こうう》大《おお》いに怒《いか》り、当陽君等《とうようくんら》をして関《かん》を撃《う》た使《し》む。項羽遂《こううつい》に入《い》り、戯《ぎ》の西《にし》に至《いた》る。沛公《はいこう》は霸上《はじょう》に軍《ぐん》し、未《いま》だ項羽《こうう》と相見《あいまみ》ゆるを得《え》ず。沛公《はいこう》の左司馬《さしば》の曹無傷《そうむしょう》　人《ひと》をして項羽《こうう》に言《い》わ使《し》めて曰《いわ》く、「沛公《はいこう》　関中《かんちゅう》に王《おう》たらんと欲《ほっ》し、子嬰《しえい》をして相為《しょうた》ら使《し》め、珍宝《ちんぽう》は尽《ことごと》くこれを有《たも》つ」と。項《こう》

羽《う》大《おお》いに怒《いか》りて曰《いわ》く、「旦日《たんじつ》士卒《しそつ》を饗《きょう》し、為《ため》に撃《う》ちて沛公《はいこう》の軍《ぐん》を破《やぶ》らん」と。この時《とき》に当《あ》たり、項羽《こうう》の兵《へい》は四十万《よんじゅうまん》、新豊《しんぽう》の鴻門《こうもん》に在《あ》り、沛公《はいこう》の兵《へい》は十《じゅう》万《まん》、霸上《はじょう》に在《あ》り。范増《はんぞう》項羽《こうう》に説《と》きて曰《いわ》く、「沛公《はいこう》山東《さんとう》に居《お》りし時《とき》、財貨《ざいか》を貪《むさぼ》り、美姫《びき》を好《この》めり。今《いま》関《かん》に入《い》るに、財物《ざいぶつ》取《と》る所《ところ》なく、婦女《ふじょ》幸《こう》する所《ところ》なし。これ、その志《こころざし》小《しょう》に在《あ》らず。吾《われ》人《ひと》をしてその気《き》を望《のぞ》ま令《し》むるに、皆《みな》龍虎《りゅうこ》を為《な》し、五采《ごさい》を成《な》す。これ天子《てんし》の気《き》なり。急《いそ》ぎ撃《う》ちて失《しっ》することなかれ」と。

◆行略二定秦地一、至二函谷関一。有レ兵守レ関、不レ得レ入。又聞三沛公已破二咸陽一、項羽大怒、使三当陽君等撃レ関。項羽遂入、至二于戯西一。沛公軍二霸上一、未レ得下与二項羽一相見上。沛公左司馬曹無傷使三人言二於項羽一曰、「沛公欲レ王二関中一、

鴻門に建てられた記念碑
後方の旗に「楚」の文字が見える。

使二子嬰為レ相、珍宝尽有レ之」。項羽大怒曰、「旦日饗二士卒一、為撃破二沛公軍一」。当二是時一、項羽兵四十万、在二新豊鴻門一、沛公兵十万、在二覇上一。范増説二項羽一曰、「沛公居二山東一時、貪二於財貨一、好二美姫一。今入レ関、財物無レ所レ取、婦女無レ所レ幸。此其志不レ在レ小。吾令三人望二其気一、皆為二龍虎一、成二五采一。此天子気也。急撃勿レ失」。

〔項羽《こうう》は〕秦《しん》の地を攻略平定しながら進軍し、函谷関《かんこくかん》に到着した。〔しかし〕兵士が函谷関を守備しており、入れなかった。さらに沛公《はいこう》がすでに咸陽《かんよう》を破ったと聞いて項羽は激怒し、当陽君黥布《とうようくんげいふ》らに命じて函谷関を攻撃させた。項羽はとうとう〔関中に〕入り、戯水《ぎすい》の西までやって来た。沛公は覇上《はじょう》に駐屯し、まだ項羽と会見するには至らなかった。沛公の左司馬《さしば》であった曹無傷《そうむしょう》は使者をつかわして項羽に告げた、「沛公は関中の王になろうとしており、秦王子嬰《しえい》を大臣に任命し、珍奇な宝物はそれを全て独占しております」。項羽は激怒していった、「明朝、兵士たちにうまいものを食わせ、沛公の軍を撃ち破ってくれようぞ」。この時、項羽の兵は四十万人で新豊《しんぽう》の鴻門《こうもん》に駐屯し、沛公の兵は十万人で覇上に駐屯していた。范増《はんぞう》は項羽に進言した、「沛公は、山東《さんとう》にいた時には、財貨を貪《むさぼ》り、美女を好んでおった。ところが今、関中に入ってからは、財物を取ることも、女を近づけることもせぬ。これは、やつの志が小さくはないからじゃ。わしは人に命じてやつの気を観望させたが、全てが龍や虎の姿をし、五色をなしていたとのこと。これは天子となる者の気じゃ。急いで攻撃し、取り逃がすでないぞ」。

❖❖❖❖

前二〇六年十二月、項羽は函谷関を破り、とうとう関中に入りました。劉邦よりも二箇月ほど遅れたことになります。戯《ぎ》は川の名で渭水《いすい》の支流、それを西に渡ると新豊県《しんぽう》（現在の陝西省《せんせいしょう》臨潼区《りんとう》）です。「鴻門《こうもん》」は新豊県下の小地名で、始皇帝の墓陵である驪山《りざん》の真北に位置します。鴻門から霸上までは西南に二十キロメートルあまり。この距離を隔て、項羽は四倍の兵力を擁して劉邦と対峙《たいじ》したのです。

范増《はんぞう》のことばに出てくる「気」は、中国の思想を考える上で最も重要な用語の一つです。万物を構成する元素であり、万物に活動力を与えるエネルギーでもあると思っておかれればよいでしょう。そして、神秘的な力を持つ人や物には、そこから不思議な気が立ち昇るとされていました。今でいうオーラですね。「高祖本紀」の冒頭に神話的な記事が並ぶことは以前に触れましたが、その中には劉邦のオーラにまつわる話も含まれています。

秦の始皇帝は常々、中国の東南部に天子の気が立ち昇っているといっていた。そこで会稽《かいけい》に巡狩《じゅんしゅ》した機会にそれを払い除こうとした。劉邦は自分が狙われていると察知し、峡谷の岩穴に隠れた。しかし、いくら隠れても妻が彼を見つけ出す。劉邦がわけをたずねると、妻は「あなたのいらっしゃるところには、いつも上に雲気《うんき》が漂っています。それを目当てに行きますと、いつもあなたを見つけられるのです」と答えた。

この妻の名は呂雉《りょち》。劉邦が決起する以前から苦楽をともにした糟糠《そうこう》の妻で、夫の没後には漢帝国の実権を握り、有名な「人彘《じんてい》事件」を起こした呂太后《りょたいこう》その人です。

楚《そ》の左尹《さいん》の項伯《こうはく》なる者《もの》は、項羽《こうう》の季父《きふ》なり。素《もと》より留侯張良《りゅうこうちょうりょう》と善《よ》し。張《ちょう》良《りょう》この時《とき》沛公《はいこう》に従《したが》う。項伯乃《こうはくすなわ》ち夜《よる》に馳《は》せて沛公《はいこう》の軍《ぐん》に之《ゆ》き、私《ひそ》かに張良《ちょうりょう》に

見《あ》い、具《つぶ》さに告《つ》ぐるに事《こと》を以《もつ》てし、張良《ちようりよう》を呼《よ》びて与《とも》に倶《とも》に去《さ》らんと欲《ほつ》す。曰《いわ》く、「従《したが》いて倶《とも》に死《し》することなかれ」と。張良曰《ちようりよういわ》く、「臣《しん》 韓王《かんおう》の為《ため》に沛公《はいこう》を送《おく》る。沛公《はいこう》 今事《いまこと》 急有《きゆうあ》るに、亡《に》げ去《さ》るは不義《ふぎ》なり。語《つ》げざる可《べ》からず」と。良乃《りようすなわ》ち入《い》り、具《つぶ》さに沛公《はいこう》に告《つ》ぐ。沛公大《はいこうおお》いに驚《おどろ》きて曰《いわ》く、「これを為《な》すこと奈何《いかん》」と。張良曰《ちようりよういわ》く、「誰《たれ》か大王《だいおう》の為《ため》にこの計《けい》を為《な》す者《もの》ぞ」と。曰《いわ》く、「鯫生《そうせい》 我《われ》に説《と》きて曰《いわ》く、関《かん》を距《ふせ》ぎて諸侯《しよこう》を内《い》るることなくんば、秦《しん》の地《ち》は尽《ことごと》く王《おう》たる可《べ》きなり、と。故《ゆえ》にこれを聴《き》けり」と。良曰《りよういわ》く、「大王《だいおう》の士卒《しそつ》を料《はか》るに、以《もつ》て項王《こうおう》に当《あ》たるに足《た》るか」と。沛公黙然《はいこうもくぜん》たり。曰《いわ》く、「固《もと》より如《し》かざるなり。且《か》つこれを為《な》すこと奈何《いかん》」と。張良 曰《ちようりよういわ》く、「請《こ》う、往《ゆ》きて項伯《こうはく》に謂《い》い、沛公《はいこう》の敢《あ》えて項王《こうおう》に背《そむ》かざるを言《い》わん」と。沛公曰《はいこういわ》く、「君安《きみいず》くんぞ項伯《こうはく》と故有《こあ》る」と。張良曰《ちようりよういわ》く、「秦《しん》の時《とき》に臣《しん》と游《あそ》び、項伯《こうはく》 人《ひと》を殺《ころ》し、臣《しん》これを活《い》かせり。今事《いまこと》 急有《きゆうあ》り、故《ゆえ》に幸《さいわ》いに来《き》たりて良《りよう》に告《つ》ぐ」と。沛公曰《はいこういわ》く、「君《きみ》と少長《しようちよう》なること孰与《いずれ》ぞ」と。良曰《りよういわ》く、「臣《しん》より長《ちよう》ぜり」と。沛公曰《はいこういわ》く、

「君《きみ》我《わ》が為《ため》に呼《よ》び入《い》れよ。吾《われ》これに兄事《けいじ》するを得《え》ん」と。

◆楚左尹項伯者、項羽季父也。素善二留侯張良一。張良是時従二沛公一。項伯乃夜馳之二沛公軍一、私見二張良一、具告以レ事、欲下呼二張良一与倶去上。曰、「毋二従倶死一也」。張良曰、「臣為二韓王一送二沛公一。沛公今事有レ急、亡去不義。不レ可レ不レ語」。良乃入、具告二沛公一。沛公大驚曰、「為レ之奈何」。張良曰、「誰為二大王一為二此計一者」。曰、「鯫生説レ我曰、距レ関毋レ内二諸侯一、秦地可二尽王一也。故聴レ之」。良曰、「料二大王士卒一、足三以当二項王一乎」。沛公黙然。曰、「固不レ如也。且為レ之奈何」。張良曰、「請往謂二項伯一、言四沛公不三敢背二項王一也」。沛公曰、「君安与二項伯一有レ故」。張良曰、「秦時与レ臣游、項伯殺レ人、臣活レ之。今事有レ急、故幸来告レ良」。沛公曰、「孰二与君少長一」。良曰、「長二於臣一」。沛公曰、「君為レ我呼入。吾得三兄二事之一」。

楚《そ》の左尹《さいん》の項伯《こうはく》というのは、項羽の末の叔父《おじ》である。以前から留侯張良《りゅうこうちょうりょう》と親しかった。この時、張良は沛公《はいこう》に随行していた。項伯はそこで夜中に沛公の軍に急行し、秘《ひそ》かに張良と面会して事態を詳しく報告し、張良を誘っていっしょに逃亡しようとした。［項伯は］いった、「［沛公に］従っていっしょに死んではなりませんぞ」。張良はいった、「わたくしは韓王さまのいいつけで沛公どのを［ここまで］送り届けてまいったのです。沛公どのが今、危険な事態だというのに、逃げ去るのは道義に反します。報告しないわけにはまいりません」。

張良はそこで中に入り、沛公に詳しく報告した。沛公はたいそう驚いていった、「どうすればよかろう」。張良はいった、「誰が大王さまのためにこんな計略を立てたのですか」。［沛公は］いった、「雑魚《ざこ》野郎がわしに、函谷関を守備して諸侯を入れなければ、秦の全土を王として保有できると申した。だから、それを聴いたのだ」。張良はいった、「大王さまの兵力をお計りになって、項王に対抗できるとお思いですか」。沛公はおし黙った。［そして、しばらくしてから］いった、「もちろん、かなわない。さても、どうすればよかろう」。張良はいった、「［わたくしが］出向いて項伯どのと話し、沛公さまが項王に背く御意志などないことを申してまいりたいと存じます」。沛公はいった、「そなたはどうして項伯どのと縁故があるのだ」。張良はいった、「秦の時代にわたくしと交際しており、項伯どのが人を殺し、わたくしが助けてさしあげたことがございます。今、事態は危険です。そのため、ありがたいことにわたくしに報告に来てくれたのです」。沛公はいった、「そなたとどちらが年上だ」。張良はいった、「わたくしよりも年長です」。沛公はいった、「そなた、わしのために呼び入れてくれぬか。わしは項伯どのを兄として仕えようと思う」。

❖ ❖ ❖ ❖

項伯《こうはく》は名を纏《てん》といい、「伯《はく》」はその字《あざな》です。原文に「項羽季父也」とありますが、項《こう》梁《りょう》も「季父」とされていましたから（一七七ページ）、それと矛盾します。通常、伯は長男に付ける字なので、ここは「項羽伯父也」とするのが正しいのかもしれません。左《さ》尹《いん》は官名で左大臣。項伯は同族として、項羽陣営の要職についていたのです。「鯫《そう》」は小魚・雑魚《ざこ》で、「鯫生」は雑魚野郎と人を罵《ののし》ることばです。ただし、それが実際に誰であったのかは残念ながらわかりません。

張良はこれまでにも幾度か出てきました。戦国時代の韓《かん》の大臣を務めた一族の出身で、前二三〇年に韓が滅亡した後は浪人をしながら報復計画を練り、前二一八年に始皇帝を狙撃《そげき》したことは前に紹介しました（一八一ページ）。その後、追っ手を避けて楚《そ》に移り住み、俠客《きょうかく》の中に身を投じました。人を殺した項伯をかくまってやったのもそのころです。そして前二〇八年の正月、決起して間なしの劉邦と留《りゅう》（現在の江蘇省沛《はい》県の南）の地で出合ったのです。張良は兵法に精通していました。その知識を生かしていろいろな人に進言したこともありましたが、誰も耳を貸してくれませんでした。しかし、劉邦だけは違いました。いつでも意見を聴いてくれたのです。「沛公は天授の才能を持ったお方だ」と張良は感服し、以来、参謀として陰日向《ひなた》に劉邦を支え続けることになります。後年、漢帝国が成立して論功行賞が行なわれた時、大きな領地をもらえる話があったにもかかわらず、張良は留を所領にほしいと申し出ました。劉邦との出合いを忘れないためです。その結果、彼は留侯《りゅうこう》と呼ばれ、『史記』の彼の伝記も「留侯世家《りゅうこうせいか》」と題されています。

その一方で張良は、韓の旧臣という出自も忘れず、同年六月に自立した韓王成《せい》という人物に敬意を払っていました。ですから、「わたくしは韓王さまのいいつけで沛公どのを送り届けてまいったのです」という張良のことばは嘘ではなく、自分が劉邦を補佐しているのは韓王から授かった使命でもあると考えていたのでしょう。

張良《ちょうりょう》出《い》でて項伯《こうはく》に要《もと》む。項伯即《こうはくすなわ》ち入《い》りて沛公《はいこう》に見《あ》う。沛公《はいこう》卮酒《ししゅ》を奉《ほう》じて寿《じゅ》を為《な》し、婚姻《こんいん》を為《な》さんことを約《やく》して曰《いわ》く、「吾《われ》関《かん》に入《い》り、秋豪《しゅうごう》も敢《あ》えて近《ちか》づくる所有《ところあ》らず。吏民《りみん》を籍《せき》し、府庫《ふこ》を封《ふう》じて将軍《しょうぐん》を待《ま》つ。将《しょう》を遣《つか》わして関《かん》を守《まも》らしめし所以《ゆえん》の者《もの》は、他盗《たとう》の出入《しゅつにゅう》と非常《ひじょう》とに備《そな》うればなり。日夜《にちや》将軍《しょうぐん》の至《いた》るを望《のぞ》む。豈敢《あにあ》えて反《そむ》かんや。願《ねが》わくは伯《はく》具《つぶ》さに臣《しん》の敢《あ》えて徳《とく》に倍《そむ》かざるを言《い》え」と。項伯許諾《こうはくきょだく》し、沛公《はいこう》に謂《い》いて曰《いわ》く、「旦日蚤《たんじつはや》くに自《みずか》ら来《き》たりて項王《こうおう》に謝《しゃ》せざる可《べ》からず」と。沛公曰《はいこういわ》く、「諾《だく》」と。ここに於《おい》て項伯《こうはく》復《ま》た夜《よる》に去《さ》り、軍中《ぐんちゅう》に至《いた》り、具《つぶ》さに沛公《はいこう》の言《げん》を以《もっ》て項王《こうおう》に報《ほう》ず。因《よ》りて言《い》いて曰《いわ》く、「沛公先《はいこうさき》に関中《かんちゅう》を破《やぶ》らずんば、公豈敢《こうあにあ》えて入《い》らんや。今《いま》人《ひと》大功有《たいこうあ》るにこれを撃《う》つは、不義《ふぎ》なり。因《よ》りて善《よ》くこれを遇《ぐう》するに如《し》かず」と。項王《こうおう》許諾《きょだく》す。

◆張良出要㆓項伯㆒。項伯即入見㆓沛公㆒。沛公奉㆓卮酒㆒為㆑寿、約㆑為㆓婚姻㆒曰、

「吾入レ関、秋豪不二敢有一レ所レ近。籍二吏民一、封二府庫一而待二将軍一。所二以遣レ将守一レ関者、備三他盗之出入与二非常一也。日夜望二将軍至一。豈敢反乎。願伯具言三臣之不二敢倍一レ徳也」。項伯許諾、謂二沛公一曰、「旦日不レ可レ不三蚤自来謝二項王一」。沛公曰、「諾」。於レ是項伯復夜去、至二軍中一、具以二沛公言一報二項王一。因言曰、「沛公不三先破二関中一、公豈敢入乎。今人有二大功一而撃レ之、不義也。不レ如二因善遇一レ之」。項王許諾。

張良《ちょうりょう》は退出して項伯《こうはく》に頼んだ。項伯はすぐに入って沛公《はいこう》と面会した。沛公は大杯に酌んだ酒を捧《ささ》げて「項伯の」長寿を祝い、婚姻を結ぶことを約束していった、「わたくしは関中に入って以来、ほんのわずかも取りこもうとしたものはありません。官吏や人民を戸籍に登録し、倉庫を封印して将軍さま（項羽）をお待ちしていたのです。将兵を派遣して函谷関を守備させた理由は、よそからの盗賊の出入りと非常事態とに備えたためであります。日夜、将軍さまのご到着を待ち望んでいたのです。どうして背いたりいたしましょうか。どうか項伯どの、わたくしがご恩に背いたりしないことを詳しくお伝えください」。項伯は承諾し、沛公にいった、「明朝早くにご自身でいらっしゃって、項王さまに謝罪せねばなりませんぞ」。沛公は「わかりました」と答えた。それを聞いて項伯は夜道を引き返して自軍に戻り、沛公のことばを逐一項王に報告した。そしてついでにいった、「沛公が先に関中をうち破らなければ、そなたは「やすやすと」入ることができなかったであろう。今、人が大きな功績を立てたのにそれを撃つのは、道義に反しておる。この機会に彼を手厚くもてなしてやる方がよい」。項王は承諾した。

❖ ❖ ❖ ❖

劉邦が「鯫生《そうせい》」にそそのかされて函谷関を封鎖したのは、自ら述懐したとおり、関中を独占しようとたくらんだからでした。張良と樊噲《はんかい》に諫《いさ》められて咸陽から撤退はしたものの、欲望は失《う》せていなかったのです。しかし、項伯に向かっては、「将兵を派遣して函谷関を守備させた理由は、よそからの盗賊の出入りと非常事態とに備えたためであります」などと弁解しました。もちろん張良の入れ知恵でしょうが、劉邦の狡猾《こうかつ》な性格が垣間《かいま》見えるようにも思われます。「秋豪《しゅうごう》」の「豪」は「毫《ごう》」とも書きます。涼しくなると生えてくる獣の冬毛のことで、極めて細いもの、ほんのわずかなものの譬《たと》えです。

項伯は劉邦に項羽との会見を求め、劉邦はそれを承諾しました。項伯が帰って項羽に報告すると、項羽も承諾しました。范増《はんぞう》にあれほどいいふくめられておりながら、項伯に説得されるとそれを忘れて会見を承諾するあたり、項羽の甘さが露呈しています。ともあれ、張良と項伯との尽力で「鴻門の会」がセッティングされ、劉邦の危機はひとまず回避されました。次はいよいよその場面です。

⑽　鴻門の会、その当日――「項羽本紀」より

沛公《はいこう》　旦日《たんじつ》　百余騎《ひやくよき》を従《したが》え、来《き》たりて項王《こうおう》に見《まみ》ゆ。鴻門《こうもん》に至《いた》り、謝《しや》して曰《いわ》く、「臣《しん》　将軍《しようぐん》と力《ちから》を勠《あわ》せて秦《しん》を攻《せ》め、将軍《しようぐん》は河北《かほく》に戦《たたか》い、臣《しん》は河南《かなん》に戦《たたか》う。然《しか》れども自《みずか》ら意《おも》わざりき、能《よ》く先《さき》に関《かん》に入《い》りて秦《しん》を破《やぶ》り、復《ま》た将軍《しようぐん》にここに見《まみ》ゆるを得《え》んとは。今者《いま》　小人《しようじん》の言《げん》有《あ》り、将軍《しようぐん》をして臣《しん》と郤《げき》有《あ》ら令《し》む」と。

項王曰《こうおういわ》く、「これ沛公《はいこう》の左司馬《さしば》の曹無傷《そうむしょう》これを言《い》えり。然《しか》らずんば、籍何《せきなに》を以《もっ》てここに至《いた》らんや」と。項王《こうおう》即日因《そくじつよ》りて沛公《はいこう》を留《とど》めて与《とも》に飲《の》む。

◆沛公旦日従㆓百余騎㆒、来見㆓項王㆒。至㆓鴻門㆒、謝曰、「臣与㆓将軍㆒勠㆑力而攻㆑秦、将軍戦㆓河北㆒、臣戦㆓河南㆒。然不㆓自意㆒能先入㆑関破㆑秦、得㆔復見㆓将軍於此㆒。今者有㆓小人之言㆒、令㆔将軍与㆑臣有㆑郤」。項王曰、「此沛公左司馬曹無傷言㆑之。不㆑然、籍何以至㆑此」。項王即日因留㆓沛公㆒与飲。

沛公《はいこう》は翌朝、百騎あまりを従え、項王《こうおう》と会見するためにやって来た。鴻門《こうもん》に到着し、謝罪していった、「わたくしは将軍さま（項羽）と力を合わせて秦を攻め、将軍さまは黄河の北で戦い、わたくしは黄河の南で戦いました。しかし、真っ先に関中に入って秦を破り、将軍さまともう一度ここでお会いできるとは、我ながら思いもよりませんでした。現在、つまらぬやつの讒言《ざんげん》があり、将軍さまをわたくしと仲たがいさせようとしておるのです」。項王はいった、「それは沛公どのの左司馬《さしば》の曹無傷《そうむしょう》が申したのだ。そうでなければ、わしはどうしてこんなことまでするものか」。項王はその日、そのまま沛公を引き止めて酒宴を開いた。

❖❖❖❖

ついに始まった「鴻門の会」。劉邦は謝罪しながらも、項羽と自分は対等であること、にもかかわらず自分が先に関中に入ったことを述べ立てました。ことば巧みにおのれの優位性を示唆《しさ》したわけです。ここにも劉邦の狡猾さが表われています。対して項羽は、貴重な内通者の名をあっさりと明かしてしまいました。「お前がわしを閉め出して関中を独占しようとしたことぐらい、先刻お見とおしだ」とでもいっておけばよかったものを。本当に甘い性格ですね。八尺にあまる体躯《たいく》と鼎《かなえ》を持ち上げる腕力、そして並はずれた才気を恃《たの》んだ項羽は、劉邦ごとき何するものぞと思っていたのでしょう。しかし、その自信が結局はあだとなるのです。

項王《こうおう》・項伯《こうはく》は東嚮《とうきょう》して坐《ざ》し、亜父《あほ》は南嚮《なんきょう》して坐《ざ》す。亜父《あほ》なる者《もの》は范増《はんぞう》なり。沛公《はいこう》は北嚮《ほっきょう》して坐《ざ》し、張良《ちょうりょう》は西嚮《せいきょう》して侍《じ》す。范増《はんぞう》数《しばしば》項王《こうおう》に目《もく》し、佩《はい》する所《ところ》の玉玦《ぎょくけつ》を挙《あ》げて以《もっ》てこれに示《しめ》す者三《ことみ》たびなるも、項王黙然《こうおうもくぜん》として応《おう》ぜず。

范増《はんぞう》起《た》ち、出《い》でて項荘《こうそう》を召《め》し、謂《い》いて曰《いわ》く、「君王《くんおう》 人《ひと》と為《な》り忍《しの》びず。若入《なんじい》りて前《すす》みて寿《じゅ》を為《な》し、寿畢《じゅお》わらば剣《けん》を以《もっ》て舞《ま》わんことを請《こ》い、因《よ》りて沛公《はいこう》を坐《ざ》に撃《う》ちてこれを殺《ころ》せ。しからずんば、若《なんじ》の属《ぞく》 皆且《みなまさ》に虜《とりこ》とする所《ところ》と為《な》らんとす」と。荘則《そうすなわ》ち入《い》りて寿《じゅ》を為《な》し、寿畢《じゅおわ》りて曰《いわ》く、「君王《くんおう》 沛公《はいこう》と飲《の》むに、軍中《ぐんちゅう》 以《もっ》て楽《たの》しみを為《な》すなし。剣《けん》を以《もっ》て舞《ま》わんことを請《こ》う」と。項王曰《こうおういわ》く、「諾《だく》」と。項荘剣《こうそうけん》を抜《ぬ》き起《た》ちて舞《ま》い、項伯《こうはく》も亦剣《またけん》を抜《ぬ》き起《た》ちて舞《ま》い、常《つね》に身《み》を以《もっ》て沛公《はいこう》を翼蔽《よくへい》し、荘撃《そうう》つを得《え》ず。

◆項王・項伯東嚮坐、亜父南嚮坐。亜父者范増也。沛公北嚮坐、張良西嚮侍。范増数目二項王一、挙二所レ佩玉玦一以示レ之者三、項王黙然不レ応。范増起、出召二項荘一、謂曰、「君王為レ人不レ忍。若入前為レ寿、寿畢請二以レ剣舞一、因撃二沛公於坐一殺レ之。不者、若属皆且レ為レ所レ虜」。荘則入為レ寿、寿畢曰、「君王与二沛公一飲、軍中無二以為一レ楽。請二以レ剣舞一」。項王曰、「諾」。項荘抜レ剣起舞、項伯亦抜レ剣起舞、常以レ身翼二蔽沛公一、荘不レ得レ撃。

項王《こうおう》と項伯《こうはく》は東向きに座り、亜父《あほ》は南向きに座った。亜父というのは范増《はんぞう》である。沛公《はいこう》は北向きに座り、張良《ちょうりょう》は西向きになって控えた。范増はたびたび項王に目くばせし、身につけている玉玦《ぎょくけつ》を持ち上げて三度も項王に示したが、項王は沈黙したまま応じなかった。范増は立ち上がり、外に出て項荘《こうそう》を呼んでいった、「御主君は残忍なことができないお人柄じゃ。お前は中に入って［沛公の］前に進み出て長寿の祝いをし、祝いが終われば剣舞をしたいと申し出て、その機会に沛公を席上で撃ち殺せ。さもなければ、お前たちはやがて生け捕りにされることになろうぞ」。［そこで］項荘は中に入って長寿の祝いをし、祝いが終わるといった、「御主君が沛公どのと酒宴をお開きですのに、軍営の中のこととて何の楽しみもございません。どうか、剣舞でもさせてください」。項王は「よし」といった。項荘が剣を抜いて立ち上がって舞うと、項伯も剣を抜いて立ち上がって舞い、常に自分の身体で沛公をかばったので、項荘は［沛公を］撃つことができなかった。

❖　❖　❖　❖

会見が終わって酒宴に移り、各人の座席が定まりました。中国では陰陽思想《いんようしそう》に基づき、「陽《よう》」である南を向いた席が上座《かみざ》とされました。東向きの席がそれに次ぎ、西向きと北向きの席が下座《しもざ》です。君主は南面《なんめん》し、臣下は北面《ほくめん》するといわれる所以《ゆえん》です。ちなみに日本でも、白河院《しらかわいん》の時に院の御所を警護する「北面の武士」を置き、後鳥羽院《ごとばいん》の時には後の承久《じょうきゅう》の変《へん》を見据えて「西面の武士」を増置した例があります。さて、このたび南向きに座ったのは范増《はんぞう》でした。「亜父《あほ》」の「亜」は準ずるの意味です。項羽の父の名は伝わっていません。おそらく若くして亡くなったのでしょう。そのため項羽は范増を父に準ずる者として敬い、上座を譲ったのです。そして自身は項伯とともに東向きに座り、劉邦には臣下が座るべき北向きの席を与えました。項羽はあくまでも劉邦を臣下として扱ったわけです。張良は項羽からすれば陪臣《ばいしん》、つまり臣下の臣下ですから、正式の席が与えられず、劉邦のわきに西向きに控えました。

「玦《けつ》」は璧《へき》（二四二ページ）に切れ目の入ったもので、一部が欠《か》けているからそう呼ばれました。范増がそれをたびたび持ち上げたのは、劉邦を撃つ決断を項羽に促したのです。「缺《けつ》」「玦《けつ》」「決《けつ》」はだじゃれのようですが、中国には同音の漢字は根底で意味が通じ合うとの考えがありました。これを「音通《おんつう》」といいます。

しかし、項羽は決断できませんでした。業《ごう》を煮やした范増は項荘《こうそう》に加勢を求めました。「君王《くんおう》人《ひと》と為《な》り忍《しの》びず」ということばは意味深長です。項羽は残忍なことができぬどころか、会稽《かいけい》の役所で百人近くを殺したのを皮切りに、襄城《じょうじょう》で住民を皆殺しにし、はては新安《しんあん》で秦の降卒二十万人を生き埋めにするなど、虐殺を続けてきたことをわたしたちは見ました。「項羽は残忍なくせに、肝腎《かんじん》なところでは決断のできない人間だ」と范増は思ったに違いありません。ですが、それをあからさまにはいえないので、右のような表現をしたのでしょう。ここには范増の項羽に対する失望感が表われているのです。

剣舞などが演じられた宴席
（後漢時代の画像石）

項荘は項羽の従弟《いとこ》です。范増の要請を受けて項荘は宴席に入り、かくして剣舞の場面とあいなるのですが、このたびもまた項伯の機転で劉邦は一命をとりとめました。「翼蔽《よくへい》」は、親鳥がひなを翼で蔽《おお》うように、身をもって人をかばうことをいいます。

★『史記』と語り物

『史記』に語り物の影響が認められることは「伍子胥列伝《ごししょれつでん》」のところでも触れました。それを詳しく考察した論文に宮崎市定さんの「身振りと文学」（もと『中國文學報』第二十冊、のち『宮崎市定全集』第五巻、岩波書店刊）があります。今、その中から「鴻門の会」に関わる部分を引用しておきましょう。

> 史記の中で特に劇的な場面は、「項羽本紀」の中の有名な鴻門の会の一節であるが、これは全段が身振りを伴って話された語り物であったにちがいない。先ず項王、項伯、范増、沛公、張良五人の重要人物がそれぞれの座席につく身振りによって舞台が設けられる。「項王項伯東嚮坐。亜父南嚮坐。亜父者范増也。沛公北嚮坐。張良西嚮侍」。これは単に読むための文章としてならば、あまりに同じような文章が重複しすぎる。（中略）単に文章としてだけ見れば、重複は煩雑であるが、もしそこに語り手がいて、「項王は右手に項伯を従えてこのように東嚮して坐りましたぞ。亜父はこのように南嚮して坐りまする。亜父とは范増のことですぞ。沛公はこのように北嚮して坐り

ましたぞ。張良はすぐその側にこのように西嚮して侍っておりまする」と、言葉とともに一々坐る仕草をして見せたなら、この位の重複は一向に苦にならない。

紙幅の関係で一部しか引用できませんでしたが、この論文で宮崎さんは「魏《ぎ》公《こう》子《し》列伝《れつでん》」や「刺《し》客《かく》列伝《れつでん》」の荊軻《けいか》が始皇帝を暗殺しようとする場面なども取り上げ、身振りを交えて演じられた語り物の影響が『史記』のそこここに見出《みいだ》せることを論じておられます。

宮崎さんは触れておられませんが、「鴻門の会」前夜に劉邦と張良が語り合う場面なども、会話文が連続する中に突然「沛公黙然《はいこうもくぜん》たり」の一句が飛びこみ、再び会話文が続いてゆくわけで、語り手が上下《かみしも》を分けながら劉邦と張良を演じ、ふと聴衆に向き直って「沛公はことばに詰まりました」とワン・ポーズを置き、それから再び演技に入ってゆく様子が想像できます。こうした箇所は他にも多くありますので、時には語り物を聴いているつもりで『史記』をお読みになると、新しい発見があることでしょう。

ここに於《おい》て張良《ちょうりょう》軍門《ぐんもん》に至《いた》り、樊噲《はんかい》に見《あ》う。樊噲曰《はんかいいわ》く、「今日《こんにち》の事《こと》何如《いかん》」と。良曰《りょういわ》く、「甚《はなは》だ急《きゅう》なり。今者《いま》項荘《こうそう》剣《けん》を抜《ぬ》きて舞《ま》うに、その意《い》常《つね》に沛《はい》公《こう》に在《あ》るなり」と。噲曰《かいいわ》く、「これ迫《せま》れり。臣請《しんこ》う、入《い》りてこれと命《めい》を同《おな》じうせんことを」と。噲即《かいすなわ》ち剣《けん》を帯《お》び盾《たて》を擁《よう》して軍門《ぐんもん》に入《い》る。交戟《こうげき》の衛士《えいし》止《とど》めて内《い》れざらんと欲《ほっ》す。樊噲《はんかい》その盾《たて》を側《そば》だてて以《もっ》て撞《つ》き、衛士《えいし》地《ち》に仆《たお》る。噲《かい》遂《つい》に入《い》り、帷《とばり》を披《ひら》きて西嚮《せいきょう》して立《た》ち、目《め》を瞋《いか》らせて項王《こうおう》を視《み》る。頭髪上指《とうはつじょうし》し、目眥《もくし》尽《ことごと》く裂《さ》く。項王《こうおう》剣《けん》を按《あん》じて跽《き》し、曰《いわ》く、「客《きゃく》は何為《なにす》る者《もの》ぞ」と。張《ちょう》良曰《りょういわ》く、「沛公《はいこう》の参乗《さんじょう》樊噲《はんかい》なる者《もの》なり」と。項王曰《こうおういわ》く、「壮士《そうし》なり。これに卮酒《ししゅ》を賜《たま》え」と。則《すなわ》ち斗卮酒《としししゅ》を与《あた》う。噲拝謝《かいはいしゃ》して起《た》ち、立《た》ちてこれを飲《の》む。項王曰《こうおういわ》く、「これに彘肩《ていけん》を賜《たま》え」と。則《すなわ》ち一《いっ》の生彘肩《せいていけん》を与《あた》う。樊噲《はんかい》その盾《たて》を地《ち》に覆《ふ》せ、彘肩《ていけん》を上《うえ》に加《くわ》え、剣《けん》を抜《ぬ》き切《き》りてこれを啗《くら》う。

◆於レ是張良至二軍門一、見二樊噲一。樊噲曰、「今日之事何如」。良曰、「甚急。今者項荘抜レ剣舞、其意常在二沛公一也」。噲曰、「此迫矣。臣請入与レ之同レ命」。噲即帯レ剣擁レ盾入二軍門一。交戟之衛士欲二止不一レ内。樊噲側二其盾一以撞、衛士仆レ地。噲遂入、披レ帷西嚮立、瞋レ目視二項王一。頭髪上指、目眥尽裂。項王按レ剣而跽、曰、「客何為者」。張良曰、「沛公之参乗樊噲者也」。項王曰、「壮士。賜二之卮酒一」。則与二斗卮酒一。噲拝謝起、立而飲レ之。項王曰、「賜二之彘肩一」。則与二一生彘肩一。樊噲覆二其盾於地一、加二彘肩上一、抜レ剣切而啗レ之。

それを見て張良《ちょうりょう》は軍営の門に行き、樊噲《はんかい》と会った。樊噲はいった、「今日の情況はどうですかね」。張良はいった、「極めて危険だ。今、項荘《こうそう》が剣を抜いて舞っておるが、やつの狙いは常に沛公《はいこう》さまに向けられている」。樊噲はいった、「こいつは危ない。おれが中に入って沛公さまと生死をともにさせていただこう」。樊噲はすぐに剣を身につけ盾《たて》を抱えて軍営の門に入った。戟《げき》を交差させていた衛兵は制止して入れまいとした。樊噲は盾を斜めに構えて突き飛ばし、衛兵は地面に倒れた。樊噲はとうとう中に入り、たれ幕を開いて西向きに立ち、目を怒らせて項王を見据えた。頭髪は逆立ち、まなじりは裂けんばかりであった。項王は剣に手をかけ、膝立《ひざだ》ちになって身構えながらいった、「きさまは何者だ」。張良はいった、「沛公の参乗《さんじょう》の樊噲と申す者でございます」。項王はいった、「勇者じゃな。この者に大杯の酒を取らせよ」。そこで一斗入りの大杯の酒を与えた。樊噲は感謝の拝礼をして立ち上がり、立ったままでそれを飲んだ。項王はいった、「この者に豚の肩肉を取らせよ」。そこで一かたまりの生のままの豚の肩肉を与えた。樊噲は自分の盾を地面に伏せ、豚の肩肉をその上に置き、剣を抜いてそれを切り、むさぼり食った。

❖❖❖❖

剣舞の場面が「鴻門の会」第一の見せ場とすれば、樊噲が乱入するこの場面は第二の見せ場です。彼は劉邦と同じ沛の出身で、決起前の劉邦がちょっとした事件を起こした時には共犯であったらしく、いわばワル仲間でした。決起後も常に劉邦に従い、各地の城攻めではたびたび一番乗りを果たすなど、勇猛ぶりを遺憾なく発揮しました。それらは彼の伝記である「樊《はん》（噲《かい》）・酈《れき》（商《しょう》）・滕《とう》（公《こう》）・灌《かん》（嬰《えい》）列伝《れつでん》」に詳しく記載されています。しかし、何といっても最大の活躍はこの場面でしょう。衛兵を突き倒すところに始まり、怒《ど》髪《はつ》天を衝《つ》く勢いで項羽をにらみつけ、一斗（当時は二リットル弱）の大杯を一気に呑《の》みほし、生肉を剣で切ってむさぼり食うまでの一連の行動は、司馬遷の簡潔な文章のおかげでまざまざと目に浮かんできます。高校の漢文で「鴻門の会」を習った方の中には、この場面を記憶しておられる方も多いのではないでしょうか。

二、三のことばにも注釈を付けておきましょう。「跽《き》」は「跪《き》」と同じで、膝をついて身を起こすこと。二三九ページの挿図のように、当時の宴席では敷物の上に座るのが普通でした。近世の小説本の挿絵には「鴻門の会」の登場人物たちが椅子に座っている様子を描いたものがありますが、これは後世の生活習慣を昔に遡及《そきゅう》させたための誤りです。「客」は「魏公子列伝」にしばしば出てきました。よそから来た人の意味です。今、樊噲は外から闖入《ちんにゅう》したので、項羽から「客」と呼ばれたわけです。「参乗《さんじょう》」は、これも「魏公子列伝」のコラム「左と右」で説明しました（一〇九ページ）。

矛を持つ騎兵（左）と戟を持つ騎兵像（前漢時代）

項王曰《こうおういわ》く、「壮士《そうし》、能《よ》く復《ま》た飲《の》むか」と。樊噲曰《はんかいいわ》く、「臣《しん》　死《し》すら且《か》つ避《さ》けず。卮酒《ししゅ》安《いず》くんぞ辞《じ》するに足《た》らんや。それ秦王《しんおう》　虎狼《ころう》の心有《こころあ》りて、人《ひと》を殺《ころ》すこと挙《あ》ぐる能《あた》わざるが如《ごと》くし、人《ひと》を刑《けい》すること勝《た》えざるを恐《おそ》るるが如《ごと》くし、天下《てんか》　皆《みな》これに叛《そむ》けり。懐王《かいおう》　諸将《しょしょう》と約《やく》して曰《いわ》く、先《さき》に秦《しん》を破《やぶ》りて咸陽《かんよう》に入《い》る者《もの》はこれに王《おう》たらしめん、と。今《いま》　沛公先《はいこうさき》に秦《しん》を破《やぶ》りて咸陽《かんよう》に入《い》り、豪毛《ごうもう》も敢《あ》えて近《ちか》づくる所有《ところあ》らず、宮室《きゅうしつ》を封閉《ふうへい》し、軍《ぐん》を霸上《はじょう》に還《かえ》し、以《もっ》て大王《だいおう》の来《き》たるを待《ま》つ。故《ことさ》らに将《しょう》を遣《つか》わして関《かん》を守《まも》らしめし者《もの》は、他盗《たとう》の出入《しゅつにゅう》と非常《ひじょう》とに備《そな》うればなり。労苦《ろうく》して功高《こうたか》きことかくの如《ごと》きも、未《いま》だ封侯《ほうこう》の賞有《しょうあ》らず。而《しか》るに細説《さいせつ》を聴《き》き、功有《こうあ》るの人《ひと》を誅《ちゅう》せんと欲《ほっ》するは、これ亡秦《ぼうしん》の続《ぞく》なるのみ。窃《ひそか》に大王《だいおう》の為《ため》に取《と》らざるなり」と。項王未《こうおういま》だ以《もっ》て応《こた》うること有《あ》らず、曰《いわ》く、「坐《ざ》せ」と。樊噲《はんかい》　良《りょう》に従《したが》いて坐《ざ》す。坐《ざ》すること須臾《しゅゆ》にして、沛公起《はいこうた》ちて廁《かわや》に如《ゆ》き、因《よ》りて樊噲《はんかい》を招《まね》きて出《い》づ。

◆項王曰、「壮士、能復飲乎」。樊噲曰、「臣死且不レ避。卮酒安足レ辞。夫秦王有二虎狼之心一、殺レ人如レ不レ能レ挙、刑レ人如レ恐レ不レ勝、天下皆叛レ之。懐王与二諸将一約曰、先破レ秦入二咸陽一者王レ之。今沛公先破レ秦入二咸陽一、豪毛不三敢有レ所レ近、封二閉宮室一、還二軍覇上一、以待二大王来一。故遣レ将守レ関者、備三他盗出入与二非常一也。労苦而功高如レ此、未レ有二封侯之賞一。而聴二細説一、欲レ誅二有レ功之人一、此亡秦之続耳。窃為二大王一不レ取也」。項王未レ有二以応一、曰、「坐」。樊噲従レ良坐。坐須臾、沛公起如レ厠、因招二樊噲一出。

項王はいった、「勇者よ、もっと飲めるか」。樊噲《はんかい》はいった、「おれは死でさえも避けはせぬ。大杯の酒ごとき、辞退するほどのものじゃない。そもそも、秦王は虎か狼のような心を持っており、数えることができないほど多くの人を殺し、処刑しきれないことを恐れるほど多くの人を処刑したから、天下すべてが秦に背いたのだ。懐王《かいおう》さまは将軍がたと約束なさった、真っ先に秦を破って咸陽《かんよう》に入った者をそこの王にする、とな。今、沛公《はいこう》さまは真っ先に秦を破って咸陽に入り、ほんのわずかも取りこもうとはなさらず、宮室を封印して閉鎖し、軍を覇上《はじょう》に返し、大王さまのご到着を待っておられたのだ。わざわざ将兵を派遣して函谷関《かんこくかん》を守備させたのは、よそからの盗賊の出入りと非常事態とに備えたためなのだ。苦労してこんなに高い功績を立てたのに、まだ領地を与えて諸侯にするという恩賞もない。それなのに、つまらぬ意見を聴き、功績のある人を誅殺《ちゆうさつ》しようとするのは、これは滅んだ秦の二の舞に他ならぬ。失礼ながら大王さまのお為《ため》にはなりませんぞ」。項王は返答せずに「まあ、座れ」といった。樊噲は張良《ちようりよう》のわきに座った。座ってしばらくすると沛公は立ち上がって便所に行き、その機会に樊噲を手招きして外に出た。

❖❖❖❖

勇者樊噲《はんかい》は、しかし、粗野なだけの人物ではありませんでした。本段の堂々たる弁舌は彼の別の一面を伝えてあまりあるものだと思います。内容は前夜に劉邦が項伯に語ったこととほぼ同じですから、おそらく張良がストーリーを考えて劉邦に教え、樊噲もそこに同席していたのでしょう。ですが、それを声高にいってのけられるのは、樊噲をおいて他にはいませんでした。特に、項羽のやり方は秦と変わらず、これでは秦の二の舞になるぞと喝破したのは、見事としかいいようがありません。

次段でも、樊噲は的確な進言をしています。また、これはずっと後の話ですが、劉邦が病気のために宮殿の奥に引きこもり、誰も通してはならぬと衛兵に申し渡していたにもかかわらず、樊噲は門を押し開けてずかずかと入りこみ、宦官《かんがん》の膝《ひざ》まくらで横たわっている劉邦を見て泣きながらいいました。「昔、陛下がわれわれと決起なさった時には、何と勇壮でいらっしゃいましたことか。それが天下を平定なさった今では、何とぐったりしておられますことか。陛下がご重病なので、大臣たちは憂慮しております。われわれと会って後事をご相談なさらず、一人の宦官にだけ永別を告げるおつもりなのですか。陛下は趙高《ちょうこう》のことをご存じないのですか」。こんなことができたのも、こんなことがいえたのも、やはり彼より他にはいなかったでしょう。劉邦は笑いながら起き上がったということです。その樊噲が亡くなったのは前一八九年、劉邦に遅れること六年でした。

⑾ 鴻門の会、その終幕――「項羽本紀」より

沛公《はいこう》已《すで》に出《い》で、項王《こうおう》 都尉《とい》の陳平《ちんぺい》をして沛公《はいこう》を召《め》さ使《し》む。沛公《はいこう》曰《いわ》く、「今《い》者《ま》出《い》づるに、未《いま》だ辞《じ》せざるなり。これを為《な》すこと奈何《いかん》」と。樊噲《はんかい》曰《いわ》く、「大《たい》行《こう》は細謹《さいきん》を顧《かえり》みず、大礼《たいれい》は小譲《しょうじょう》を辞《じ》せず。如今《いま》 人《ひと》は方《まさ》に刀俎《とうそ》為《た》り、我《われ》は魚《ぎょ》肉《にく》為《た》り。何《なん》ぞ辞《じ》することを為《な》さん」と。ここに於《おい》て遂《つい》に去《さ》り、乃《すなわ》ち張良《ちょうりょう》をして留《とど》まり謝《しゃ》せ令《し》む。良《りょう》問《と》いて曰《いわ》く、「大王《だいおう》の来《き》たるに何《なに》をか操《と》れる」と。曰《いわ》く、「我《われ》 白璧《はくへき》一双《いつそう》を持《じ》し、項王《こうおう》に献《けん》ぜんと欲《ほっ》し、玉斗《ぎょくと》一双《いつそう》を、亜父《あほ》に与《あた》えんと欲《ほっ》せしも、その怒《いか》りに会《あ》い、敢《あ》えて献《けん》ぜず。公《こう》 我《わ》が為《ため》にこれを献《けん》ぜよ」と。張良《ちょうりょう》曰《いわ》く、「謹《つつし》みて諾《だく》す」と。

◆沛公已出、項王使㆔都尉陳平召㆓沛公㆒。沛公曰、「今者出、未㆑辞也。為㆑之奈何」㆒。樊噲曰、「大行不㆑顧㆓細謹㆒、大礼不㆑辞㆓小譲㆒。如今人方為㆓刀俎㆒、我為㆓魚

肉一。何辞為」。於レ是遂去、乃令二張良留謝一。良問曰、「大王来何操」。曰、「我持二白璧一双一、欲レ献二項王一、玉斗一双、欲レ与二亜父一、会二其怒一、不二敢献一。公為レ我献レ之」。張良曰、「謹諾」。

沛公《はいこう》が外に出てしまったので、項王《こうおう》は都尉《とい》の陳平《ちんぺい》に沛公を呼びにやらせた。沛公はいった、「今、出がけに別れの挨拶《あいさつ》をしてこなかった。どうすればよかろう」。樊噲はいった、「『大きなことを行なうには些細《ささい》な謹厳さなど顧慮せず、大きな礼節には微小な謙譲など問題にしない』と申します。現在、あちらはちょうど包丁か俎板《まないた》で、こちらは魚や肉のようなものです。どうして挨拶などする必要がありましょうか」。それを聞いて〔沛公は〕そのまま立ち去り、張良に後に残って謝罪するように命じた。張良はたずねた、「大王さまがお越しの際に、何を〔貢ぎ物として〕お持ちになりましたか」。〔沛公は〕いった、「わしは項王さまに献上しようと思って白い璧《へき》を一対、亜父どのに渡そうと思って玉《ぎょく》の斗《と》を一対持参したが、あちらの怒りにあい、よう献上しないでおる。そなたはわしのために、それ

――らを献上してくれ」。張良はいった、「承知仕《つかまつ》りました」。

「大行《たいこう》は細謹《さいきん》を顧《かえり》みず、大礼《たいれい》は小譲《しょうじょう》を辞《じ》せず」は、当時よく使われたことばのようで、「李斯列伝《りしれつでん》」には始皇帝を継いで帝位に即《つ》くことをためらった胡亥《こがい》に向かい、趙高《ちょうこう》が「大行《たいこう》は小謹《しょうきん》せず、盛徳《せいとく》は辞譲《じじょう》せず」と語った記事があります。

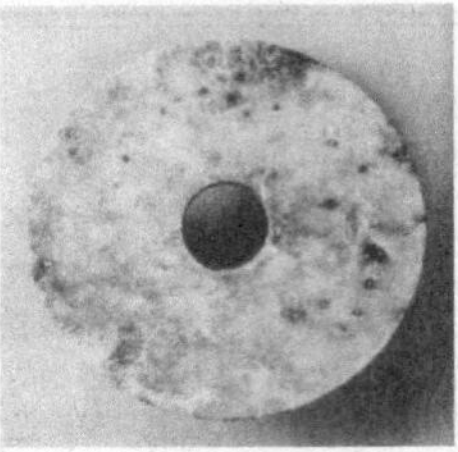
璧（直径17cm）

「白璧《はくへき》」は半透明の白い石で作られた円盤状の玉器で、中央に穴が空いています。璧は呪力《じゅりょく》があると信じられ、古くから祭礼に用いられました。写真は浙江《せっこう》省の良渚《りょうしょ》遺跡群から発掘されたものです。良渚文化は前三千年紀に栄えましたから、仮に前二千四百年ごろの遺物だとすると、そこから項羽と劉邦の時代までが約二千二百年、項羽と劉邦の時代から現在までが同じく約二千二百年となります。そう思って見ると、何やら不思議な気がしませんか。「玉斗《ぎょくと》」はやはり半透明の石で作られたひしゃく状の玉器です。

沛公《はいこう》已《すで》に去《さ》り、間《かん》に軍中《ぐんちゅう》に至《いた》る。張良《ちょうりょう》入《い》り謝《しゃ》して曰《いわ》く、「沛公《はいこう》 桮杓《はいしゃく》に勝《た》えずして、辞《じ》すること能《あた》わず。謹《つつし》みて臣良《しんりょう》をして白璧《はくへき》一双《いっそう》を奉《ほう》じ、再拝《さいはい》して大王《だいおう》の足下《そっか》に献《けん》じ、玉斗《ぎょくと》一双《いっそう》を、再拝《さいはい》して大将軍《だいしょうぐん》の足下《そっか》に奉《ほう》ぜ使《し》む」と。項《こう》王曰《おういわ》く、「沛公安《はいこういず》くにか在《あ》る」と。良曰《りょういわ》く、「大王《だいおう》これを督過《とくか》するに意《い》有《あ》りと聞《き》き、身《み》を脱《だっ》して独《ひと》り去《さ》れり。已《すで》に軍《ぐん》に至《いた》らん」と。項王則《こうおうすなわ》ち璧《へき》を受《う》け、これを坐上《ざじょう》に置《お》く。亜父《あほ》 玉斗《ぎょくと》を受《う》け、これを地《ち》に置《お》き、剣《けん》を抜《ぬ》き撞《つ》きてこれを破《やぶ》り、曰《いわ》く、「唉《ああ》、豎子《じゅし》与《とも》に謀《はか》るに足《た》らず。項王《こうおう》の天下《てんか》を奪《うば》う者《もの》は、必《かなら》ず沛公《はいこう》ならん。吾《わ》が属《ぞく》 今《いま》にこれが虜《とりこ》と為《な》らん」と。沛公《はいこう》 軍《ぐん》に至《いた》り、立《た》ちどころに曹無傷《そうむしょう》を誅殺《ちゅうさつ》す。

◆沛公已去、間至㆓軍中㆒。張良入謝曰、「沛公不㆑勝㆓桮杓㆒、不㆑能㆑辞。謹使㆘臣良奉㆓白璧一双㆒、再拝献㆓大王足下㆒、玉斗一双、再拝奉㆗大将軍足下㆖」。項王曰、「沛公安在」。良曰、「聞㆓大王有㆑意㆔督㆓過之㆒、脱㆑身独去。已至㆑軍矣」。項王則受㆑璧、置㆓之坐上㆒。亜父受㆓玉斗㆒、置㆓之地㆒、抜㆑剣撞而破㆑之、曰、「唉、豎子不レ足二与謀一。奪二項王天下一者、必沛公也。吾属今為二之虜一矣」。沛公至レ軍、立誅二殺曹無傷一。

沛公《はいこう》は立ち去り、間道《かんどう》を抜けて自軍に到着した。「そのころを見計らって」張《ちょう》良《りょう》は中に入り、「沛公は酒の酔いに堪え切れませんため、ご挨拶申し上げられませんでした。わたくし張良に命じ、謹んで白い璧《へき》一対を奉り、再拝して大王さまのお元に献上し、玉《ぎょく》の斗《と》一対を、再拝して大将軍さま（范増《はんぞう》）のお元に捧《ささ》げよとのことでございました」と謝罪した。項王《こうおう》はいった、「沛公どのはどこにおられるのじゃ」。張良はいった、「大王さまが自分をお咎《とが》めになるご意向だと仄聞《そくぶん》し、脱《ぬ》け出して一人でおいとまいたしました。すでに自軍に到着しておりましょう」。項王は璧を受け取り、それを敷物の上に置いた。亜父《あほ》も玉斗を受け取ったが、それを地面に置き、剣を抜いてそれを突き砕き、そしていった、「ああ、青二才め、［天下取りという重大事を］協議するには足らんわ。項王の天下を奪う者は、きっと沛公に違いない。我々はやがてやつの捕虜になるだろう」。沛公は自軍に到着すると、すぐさま曹無傷《そうむしょう》を誅殺《ちゅうさつ》した。

❖❖❖❖

前段と本段の間には、劉邦が樊噲《はんかい》や紀信《きしん》らを供として間道を抜けて帰還する記事や、張良との別れ際に「わしが自軍に到着したころを見計らって中に入れ」と告げた記事などがありますが、本書では省略しました。いわれたとおりに張良は、時間をかせいでから中に入り、いけしゃあしゃあと口上を述べて貢ぎ物を献上しました。劉邦を取り逃がしたにもかかわらず、白璧《はくへき》を大事そうに敷物の上に置く項羽と、先には「君王《くんおう》　人《ひと》と為《な》り忍《しの》びず」とことばを選んだのに、とうとう我慢しきれなくなって玉斗《ぎょくと》を突き砕きながら項羽を面罵《めんば》する范増との対照的な姿、これが「鴻門の会」のラストシーンです。

さて、長々と「鴻門の会」を読んできましたが、皆さまはどのようにお感じになられたでしょうか。何か変だと感じた方はいらっしゃらないでしょうか。いらっしゃれば、その方は鋭い感覚をお持ちです。本段だけを取っても、劉邦・張良・樊噲という相手側のメンバー全員が席を外していつまでも戻ってこないのに、項羽はもちろん范増までがぼんやりと待っていたのは変です。衛兵が劉邦たちの出てゆくのを阻止しなかったのも変なら、残った張良が殺されずにすんだのも変です。「鴻門の会」には、他にも変なところがたくさんあり、昔からそれが指摘されてきました。そのため、「鴻門の会」自体を虚構とする説を始めとして、いろいろな見解が提出されています。真相はどうであったのかを速断するのは危険ですが、コラムで挙げた「語り物」のことなどを含め、「鴻門の会」にはまだまだ研究の余地がありそうです。なお、近年の研究には、佐竹靖彦さんの『劉邦』『項羽』（ともに中央公論新社刊）や藤田勝久さんの『項羽と劉邦の時代』（講談社刊）などがあり、それぞれにユニークな見解を提出しておられます。

★「故郷《こきょう》に錦《にしき》を飾《かざ》る」

「鴻門の会」の数日後、項羽は咸陽に乗りこみ、子嬰《しえい》を殺して宮殿を焼き払いました。始皇帝が営々と築いた豪壮な建築群は三箇月も燃え続けたそうです。焼け野原となった咸陽を見て、項羽は故郷の楚《そ》に帰ろうとしました。その時のことばが、「富貴《ふうき》にして故郷《こきょう》に帰《かえ》らざるは、繡《しゅう》を衣《き》て夜行《よるゆ》くが如《ごと》し。誰《たれ》かこれを知《し》る者《もの》ぞ——富貴の身分になっておりながら故郷に帰らないのは、刺繡をした美しい衣服を着て夜歩きするようなものだ。誰も見てくれる者はおらぬではないか」です。

これは『史記』項羽本紀の記載で、『漢書《かんじよ》』項籍伝《こうせきでん》では「繡」が「錦《きん》」となっていますが、意味は変わりません。この故事から「故郷に錦を飾る」や「夜の錦」などの成語が生まれました。

これらの成語は日本でも好んで用いられました。たとえば『平家物語《へいけものがたり》』巻七「実盛《さねもり》」には、老将斎藤別当実盛《さいとうべつとうさねもり》が木曾義仲《きそよしなか》の軍勢と戦うために故郷の北国《ほつこく》へ出征することになった時、錦《にしき》の直垂《ひたたれ》の着用を許可してほしいと平宗盛《たいらのむねもり》に願い出て、

事《こと》の喩《たとへ》候《さうらふ》ぞかし。古郷《こきやう》へは錦《にしき》をきて帰《かへ》れといふ事《こと》の候《さうらふ》。錦《にしき》の直垂《ひたたれ》御《お》ゆるし候《さうら》へ。

と語ったことが出てきます。また『曾我物語《そがものがたり》』巻十には、曾我五郎時致《そがのごろうときむね》が仇《かたき》の工《く》藤祐経《どうすけつね》を討った際、王藤内《おうとうない》という人を巻き添えにしたことを源頼朝《みなもとのよりとも》から責められる場面があります。王藤内は備前《びぜん》の人で、帰郷する前に所領安堵《あんど》の礼をいっておこうと祐経の屋敷に立ち寄ったところを殺されたのでした。五郎は頼朝に次のように答えました。

人《ひと》とみて、古郷《こきやう》に帰《かへ》らざるは、錦《にしき》をきて夜行《よるゆ》くがごとしといふふるきことばをや知《し》りけん。所領安堵《しよりやうあんど》のしるしに、本国《ほんごく》へ下《くだ》りしが、祐経《すけつね》に暇《いとま》こはんと

て、道《みち》よりかへりての討死《うちじに》、不便《ふびん》なり。

以上は軍記物語での用例ですが、和歌の世界では人目につかないもみじ、夜に散りゆくもみじを詠む時に、しばしば「項羽本紀」の故事が下敷きにされました。『古今和歌集《こきんわかしゅう》』第二九七番歌、「きた山にもみぢをらんとてまかれりける時によめる」の詞書《ことばがき》を持つ紀貫之《きのつらゆき》の和歌が、その代表でしょう。

みる人《ひと》もなくてちりぬる奥山《おくやま》のもみぢは夜《よる》の錦《にしき》なりけり

＊　＊　＊

「鴻門の会」の翌月にあたる前二〇六年正月、項羽は懐王《かいおう》に義帝《ぎてい》の称号を与え、二月に論功行賞を行ないました。項羽自身は「西楚覇王《せいそはおう》」と名乗り、劉邦には漢中と巴《は》・蜀《しょく》の地を与えて「漢中王《かんちゅうおう》」としました。漢中は現在の陝西《せんせい》省南部、当時の関中の南辺で、関中主要部とは山脈で隔てられています。義帝が約束どおりに劉邦を関中の王にせよと迫ったため、項羽は漢中でも関中に違いないとの論理で劉邦を辺境に追いやったのです。以来、劉邦は漢中王、もしくは漢王と呼ばれました。彼が天下を取った後の国号を「漢」としたのはこれに由来しますし、漢字・漢文などという語の淵源《えんげん》もここにあります。

辺地に押しこめられはしたものの、それに甘んじている劉邦ではありません。八月、関中主要部の王となっていた章邯《しょうかん》らを討って関中を平定し、前二〇五年の三月には洛陽《らくよう》まで進出して項羽打倒の檄《げき》を飛ばしました。半年前の十月に項羽が義帝を殺したことが、恰好《かっこう》の口実となったのです。以来、劉邦は東方遠征を繰り返しましたが、一口にいって連戦連敗でした。中でも前二〇四年四月から五月にかけての滎陽《けいよう》の戦いは、劉邦にとって最大の危機でした。次段ではその場面を読んでみたいと思います。

⑿　滎陽《けいよう》の戦い――「項羽本紀」より

漢《かん》の三年《さんねん》、項王《こうおう》　数《しばしば》　漢《かん》の甬道《ようどう》を侵奪《しんだつ》す。漢王《かんおう》　食乏《しょくとぼ》しく、恐《おそ》れて和《わ》を請《こ》い、滎陽以西《けいようい せい》を割《さ》きて漢《かん》と為《な》さんとす。項王《こうおう》これを聴《き》かんと欲《ほっ》す。歴陽侯范《れきようこうはん》増曰《ぞういわ》く、「漢《かん》与《くみ》し易《やす》きのみ。今《いま》　釈《ゆる》して取《と》らずんば、後必《のちかなら》ずこれを悔《く》いん」

と。項王乃《こうおうすなわ》ち范増《はんぞう》と与《とも》に急《きゅう》に滎陽《けいよう》を囲《かこ》む。漢王《かんおう》これを患《うれ》い、乃《すなわ》ち陳平《ちんぺい》の計《けい》を用《もち》いて項王《こうおう》を間《かん》せんとす。項王《こうおう》の使者《ししゃ》来《き》たるに、太牢《たいろう》の具《ぐ》を為《な》し、挙《あ》げてこれを進《すす》めんと欲《ほっ》す。使者《ししゃ》を見《み》、詐《いつわ》りて驚愕《きょうがく》して曰《いわ》く、「吾以《われもっ》て亜父《あほ》の使者《ししゃ》と為《な》せしに、乃《すなわ》ち反《かえ》って項王《こうおう》の使者《ししゃ》なるか」と。更《さら》に持《も》ち去《さ》り、悪食《あくしょく》を以《もっ》て項《こう》王《おう》の使者《ししゃ》に食《くら》わしむ。使者帰《ししゃかえ》りて項王《こうおう》に報《ほう》ず。項王乃《こうおうすなわ》ち范増《はんぞう》 漢《かん》と私《し》有《あ》らんかと疑《うたが》い、稍《ようや》くこれが権《けん》を奪《うば》う。范増大《はんぞうおお》いに怒《いか》りて曰《いわ》く、「天下《てんか》の事《こと》は大《おお》いに定《さだ》まれり。君王自《くんおうみずか》らこれを為《な》せ。願《ねが》わくは骸骨《がいこつ》を賜《たま》いて卒伍《そつご》に帰《き》せん」と。項王《こうおう》これを許《ゆる》す。行《ゆ》きて未《いま》だ彭城《ほうじょう》に至《いた》らざるに、疽《そ》 背《せ》に発《はっ》して死《し》す。

◆漢之三年、項王数侵㆓奪漢甬道㆒。漢王食乏、恐請㆑和、割㆓滎陽以西㆒為㆑漢。項王欲㆑聴㆑之。歴陽侯范増曰、「漢易㆑与耳。今釈弗㆑取、後必悔㆑之」。項王乃与㆓范増㆒急囲㆓滎陽㆒。漢王患㆑之、乃用㆓陳平計㆒間㆓項王㆒。項王使者来、為㆓太牢具㆒、挙欲㆑進㆑之。見㆓使者㆒、詳驚愕曰、「吾以為㆓亜父使者㆒、乃反項王使者」。更持去、以㆓悪食㆒食㆓項王使者㆒。使者帰報㆓項王㆒。項王乃疑㆓范増与㆑漢有㆑私、稍奪二之権一。范増大怒曰、「天下事大定矣。君王自為レ之。願賜二骸骨一帰二卒伍一」。項王許レ之。行未レ至二彭城一、疽発レ背而死。

漢王《かんおう》の三年（前二〇四年）、項王《こうおう》はたびたび漢の甬道《ようどう》を攻撃して［食糧を］略奪した。漢王は食糧が乏しくなり、恐れて和睦《わぼく》を願い出、滎陽《けいよう》より西を分割して漢［の領土］としたいといった。項王はそれを聴きいれようと思った。歴陽侯《れきようこう》の范《はん》増《ぞう》はいった、「漢はくみしやすい存在じゃ。今、討ち取らずに許せば、きっと後悔するじゃろう」。項王はそこで范増とともに滎陽を厳重に包囲した。漢王は憂慮し、そのため陳平《ちんぺい》の計略を採用して項王を［范増と］離間させることにした。項王の使者が来た時、最高級の食事を用意して恭しく進めようとし、使者を見ると驚いたふりをしていった、「わたくしは亜父《あほ》どのの御使者だと思っておりましたが、何と違って項王の御使者でありましたか」。そして［最高級の食事を］持ち去り、粗末な食事を項王の使者に食べさせた。使者は帰って項王に報告した。項王は范増が漢と内通しているのではないかと疑い、徐々に権限を剝奪《はくだつ》するようになった。范増は激怒していった、「天下の帰趨《きすう》はおおよそ定まった。［後は］御主君が自分でなされよ。辞職をお認めくださり、一兵卒に戻らせていただきたい」。項王はそれを許可した。［范増は］立ち去り、彭城《ほうじょう》に到着する手前で腫物《はれもの》が背中にできて死んでしまった。

❖❖❖❖

「楚漢戦争《そかんせんそう》」、つまり項羽と劉邦との戦いは、先にも申しましたように漢の連戦連敗でした。それでも劉邦が何とか持ちこたえられたのは、要害の地であった関中にいつでも逃げこめる態勢にあり、しかも留守をあずかった蕭何《しょうか》が、肥沃《ひよく》な関中の穀物を絶えず前線に供給してくれたためでした。

ここは前二〇四年四月の記事。当時、劉邦軍は滎陽（現在の河南省滎陽市）とその西の成皋《せいこう》（同じく鞏義市《きょうぎし》）に展開していました。蕭何が送った穀物は、一旦《いったん》「敖倉《ごうそう》」という黄河沿いの食糧倉庫に貯えられ、両側に壁を築いた「甬道《ようどう》」という専用輸送路を通じて滎陽や成皋に運びこまれていたのです。ところが、その輸送路が項羽軍の攻撃を受け、滎陽に籠城《ろうじょう》していた劉邦は苦境に陥りました。

それを救った一人が陳平《ちんぺい》です。彼は「鴻門の会」の終幕のところに少し顔を出していました。当時は項羽の配下でしたが、ある事件がもとで項羽に殺されそうになり、逃亡して劉邦に身を寄せたのです。陳平の計略は見事に当たり、知恵袋であった范増《はんぞう》を項羽と離間させることに成功しました。以来、陳平は張良とともに参謀として活躍し、後には蕭何・曹参《そうさん》を継いで漢の丞相《じょうしょう》（総理大臣）になりました。「陳丞相世家《ちんじょうしょうせいか》」が彼の伝記です。

「太牢《たいろう》」は牛・羊・豚を揃えた最高級のごちそうで、そこから牛を除いたものを「少《しょう》牢《ろう》」といいます。「詳《よう》」は「佯《よう》」と同じで「いつわる」の意味（九〇ページ参照）。「骸《がい》骨《こつ》を賜《たま》う」は官僚の辞職を許可する時の常套句《じょうとうく》で、「これまで主君に身も心も捧《ささ》げてきたが、その脱《ぬ》け殻だけを返してつかわす」という意味です。范増は前二〇八年に項梁《こうりょう》のもとを訪れた時が七十歳でしたから（一九二ページ）、七十四歳で亡くなったことになります。

━━ 漢将《かんしょう》の紀信《きしん》　漢王《かんおう》に説《と》きて曰《いわ》く、「事已《ことすで》に急《きゅう》なり。請《こ》う、王《おう》の為《ため》に楚《そ》を誑《あざむ》きて王《おう》と為《な》り、王《おう》は以《もっ》て間出《かんしゅつ》す可《べ》し」と。ここに於《おい》て漢王《かんおう》夜《よる》に女子《じょし》を滎陽《けいよう》の東門《とうもん》より出《い》だす。甲《こう》を被《こうむ》るもの二千人《にせんにん》なり。楚兵《そへい》四面《しめん》よりこれを撃《う》つ。紀信《きしん》黄屋《こうおく》の車《くるま》に乗《の》り、左纛《さとう》を傅《つ》け、曰《いわ》く、「城中《じょうちゅう》食尽《しょくつ》き、漢王降《かんおうくだ》る」と。楚軍《そぐん》皆万歳《みなばんざい》を呼《さけ》ぶ。漢王亦数十騎《かんおうまたすうじっき》と城《しろ》の西門《せいもん》より出《い》で、成皐《せいこう》に走《はし》る。項王《こうおう》紀信《きしん》を見《み》て問《と》う、「漢王安《かんおういず》くにか在《あ》る」と。信曰《しんいわ》く、「漢王已《かんおうすで》に出《い》でたり」と。

項王《こうおう》紀信《きしん》を焼殺《しょうさつ》す。

◆漢将紀信説㆓漢王㆒曰、「事已急矣。請為㆑王誑㆑楚為㆑王、王可㆓以間出㆒」。於㆑是漢王夜出㆓女子滎陽東門㆒。被㆑甲二千人。楚兵四面撃㆑之。紀信乗㆓黄屋車㆒、傅㆓左纛㆒、曰、「城中食尽、漢王降」。楚軍皆呼㆓万歳㆒。漢王亦与㆓数十騎㆒従㆓城西門㆒出、走㆓成皐㆒。項王見㆓紀信㆒問、「漢王安在」。信曰、「漢王已出矣」。項王焼㆓殺紀信㆒。

漢《かん》の将軍の紀信《きしん》は漢王に進言した、「事態は切迫しております。王さまのために楚《そ》を欺いて［わたくしが］王を装い、王さまは隙をついて脱出なさってください」。それを聞いて漢王は、鎧《よろい》を着せた二千人の女どもを夜中に滎陽《けいよう》の東門から外に出した。楚の兵は四方からそれを攻撃した。紀信は黄屋《こうおく》の車に乗り、纛《とう》をその左側に付け、「城中では食糧が尽きたので、漢王は降伏いたす」といった。楚軍は全員が万歳を叫んだ。［その隙に］漢王も数十騎を連れて城の西門から出て、成皐《せいこう》に逃走した。項王は紀信を見て詰問した、「漢王はどこにおるのじゃ」。紀信はいった、「漢王さまはすでに脱出なさいました」。項王は紀信を火あぶりにして殺した。

❖❖❖❖

前二〇四年五月の記事。陳平の計略で首尾よく范増を排除できたものの、包囲網はまだまだ厳重で、劉邦の危機が去ったわけではありませんでした。それを救ったもう一人が紀信です。彼も「鴻門の会」の終幕のところで、覇上に帰る劉邦を樊噲らとともに護衛した人物として出てきました。「黄屋《こうおく》の車」とは黄色い布を覆《おお》いの裏側に張った車で、王の専用車。「纛《とう》」は旗竿《はたざお》の先に旄牛《からうし》の尾や雉《きじ》の羽根を付けたもので、王の車に飾る旗印。それらを借りて紀信は劉邦の影武者となり、自分の命と引き替えに脱出を助けたのです。

紀信の故事は、日本の古典にもよく引用されています。『保元物語《ほうげんものがたり》』『源平盛衰記《げんぺいじょうすいき》』『太平記《たいへいき》』などに用例があり、特に『保元物語』のそれは、和漢の学に精通していた「宇治《うじ》の悪左府《あくさふ》」藤原頼長《ふじわらのよりなが》と、当代随一の切れ者「少納言入道《しょうなごんにゅうどう》」信西《しんぜい》とが、ともにこの故事を踏まえて虚々実々のかけひきをするというおもしろい話です。日本古典文学大系の『保元物語・平治物語』（岩波書店刊）に収められていますので、是非ご覧ください。

＊　＊　＊

劉邦不利のうちに推移した戦況は、いつしか膠着《こうちゃく》状態となり、ついには逆転しました。劉邦が要害の地、関中を本拠としたのに対し、項羽は大平原のど真ん中にある彭城《ほうじょう》（現在の江蘇省徐州《じょしゅう》市）に都を置いて防戦に追われたこと、また項羽は感情の起伏が激しく、それが部下の離反を招いたこと、などが逆転の要因でした。前に見た陳平もそうですが、項羽の爪牙《そうが》として活躍してきた黥布《げいふ》も、滎陽の戦いに先立つ前二〇四年十二月に劉邦側へと寝返りました。そして韓信《かんしん》もまた、項羽から劉邦に乗りかえた一人です。

韓信は楚《そ》の淮陰《わいいん》（現在の江蘇省淮安《わいあん》市）の出身で、項梁《こうりょう》がそこに進駐した時に配下となりました。項梁の戦死後は項羽に従い、たびたび献策したものの一向に取り上げてもらえず、そのため前二〇六年二月に劉邦に帰属したのでした。帰属当初、劉邦は韓信にあまり注目してはいなかったようです。しかし、蕭何《しょうか》が彼の優秀さを見抜き、その推薦で韓信は大将に任命されました。この時に蕭何が韓信を評したことばが「国士無双《こくしむそう》」です。「国家を支える人材として並ぶ者がないほど秀《すぐ》れた人物」の意味ですが、現在では麻雀《マージャン》の役満の一つの通称としての方が耳慣れているかもしれません。

劉邦が東方遠征に乗り出した時、韓信は別働隊を指揮し、魏《ぎ》・趙《ちょう》・燕《えん》・斉《せい》など、第三勢力を形成していた諸侯たちの討伐に向かいました。その中で有名なのは、前二〇四年十月に井陘《せいけい》で二十万人と称する趙の大軍を撃破した一戦でしょう。この時、韓信は川を背にして陣を布《し》きました。いわゆる「背水の陣」で、退路がないために兵法ではタブーとされている布陣です。しかしこれは、兵法を知らぬやつだと相手に油断させるとともに、自軍の兵士に必死の気概を植えつけるための韓信一流の作戦でした。それが功を奏し、韓信は大勝利を収めたのです。これを含め、名将韓信の戦功の数々は「淮陰侯列伝《わいいんこうれつでん》」に詳しく記されています。また、彼は蕭何・張良と併せて「漢初の三傑《かんしょのさんけつ》」と呼ばれました。

⒀ 四面楚歌《しめんそか》――「項羽本紀」より

項王《こうおう》の軍《ぐん》 垓下《がいか》に壁《へき》するも、兵少《へいすく》なく食尽《しょくつ》く。漢軍及《かんぐんおよ》び諸侯《しょこう》の兵《へい》、これを囲《かこ》むこと数重《すうちょう》なり。夜《よる》 漢軍《かんぐん》の四面《しめん》 皆楚歌《みなそか》するを聞《き》き、項王乃《こうおうすなわ》ち大《おお》いに驚《おどろ》きて曰《いわ》く、「漢《かん》 皆已《みなすで》に楚《そ》を得《え》たるか。これ何《なん》ぞ楚人《そひと》の多《おお》きや」と。項王《こうおう》 則《すなわ》ち夜起《よるお》き、帳中《ちょうちゅう》に飲《いん》す。美人《びじん》有《あ》り 名《な》は虞《ぐ》、常《つね》に幸《こう》せられて従《したが》う。駿馬《しゅんめ》 名《な》は騅《すい》、常《つね》にこれに騎《の》る。ここに於《お》いて項王乃《こうおうすなわ》ち悲歌忼慨《ひかこうがい》し、自《みずか》ら詩《し》を為《つく》りて曰《いわ》く、「力《ちから》 山《やま》を抜《ぬ》き 気《き》 世《よ》を蓋《おお》う、時《とき》 利《り》あらず 騅逝《すいゆ》かず、騅《すい》の逝《ゆ》かざる 奈何《いかん》す可《べ》き、虞《ぐ》や虞《ぐ》や 若《なんじ》を奈何《いかん》せん」と。歌《うた》うこと数闋《すうけつ》、美人《びじん》これに和《わ》す。項王《こうおう》 泣数行《なみだすうぎょう》 下《くだ》り、左右皆泣《さゆうみなな》き、能《よ》く仰《あお》ぎ視《み》るものなし。

◆項王軍壁㆓垓下㆒、兵少食尽。漢軍及諸侯兵、囲㆑之数重。夜聞㆓漢軍四面皆楚歌㆒、項王乃大驚曰、「漢皆已得㆑楚乎。是何楚人之多也」。項王則夜起、飲㆓帳

中一。有二美人一名虞、常幸従。駿馬名騅、常騎レ之。於レ是項王乃悲歌忼慨、自為レ詩曰、「力抜レ山兮気蓋レ世、時不レ利兮騅不レ逝、騅不レ逝兮可二奈何一、虞兮虞兮奈レ若何」。歌数闋、美人和レ之。項王泣数行下、左右皆泣、莫二能仰視一。

項王《こうおう》の軍は垓下《がいか》に籠城したが、兵士は少なく食糧も尽きた。漢《かん》の軍と諸侯の兵は、それを幾重《いくえ》にも包囲した。夜、四方の漢の軍がみな楚《そ》の民謡を歌っているのを聞き、項王はとても驚いていった、「漢は楚の全土をすでに手中に収めたのか。「敵軍に」何と楚の人の多いことよ」。項王は夜中に起き出し、陣幕の中で酒宴を開いた。美人がいて名は虞《ぐ》といい、いつも寵愛《ちょうあい》されて側にいた。駿馬《しゅんめ》がいて名は騅《すい》といい、いつもそれに乗っていた。こうした情況下、項王は自作の詩を嘆き憤りながら悲しげに歌った。

わが力は山をも引き抜き　わが気は天下を覆《おお》う
しかし時は味方せず　騅は進まない
騅の進まないのを　もはやどうにもできぬ

虞よ虞よ　そなたをどうにもしてやれぬ

数回繰り返して歌うと、虞美人もそれに唱和した。項王ははらはらと涙を流し、側近たちもみな泣き、顔を上げて正視できる者は一人もいなかった。

❖❖❖❖

前二〇二年十二月の記事。垓下《がいか》（現在の安徽省蚌埠《ほうふ》市）に籠城した項羽を劉邦たちが包囲した場面です。ここの「諸侯」とは斉王韓信《せいおうかんしん》や魏王《ぎおう》彭越《ほうえつ》らをいいます。この少し前、劉邦は張良の進言に従い、韓信を正式に斉王とするとともに、魏の地域を中心に活動していた彭越を魏王としました。そして彼らの協力で、ようやく項羽を追い詰めたのです。「四面楚歌」の成語で知られるこの場面は、「鴻門の会」と並んで漢文教科書に取り上

京劇「覇王別姫」
（名優梅蘭芳の虞美人と劉連栄の項羽）

げられることが多く、ご存じの方がたくさんいらっしゃるでしょう。特に「虞《ぐ》や虞《ぐ》や若《なんじ》を奈何《いかん》せん」のフレーズは耳に残っているのではないでしょうか。中国でも、清《しん》代の後半ごろから流行した京劇《きょうげき》の代表的な演目「覇王別姫《はおうべっき》」を通じて人々に親しまれ、それは現在も変わりなく続いています。

⒁　項羽の最期——「項羽本紀」より

ここに於《お》いて項王乃《こうおうすなわ》ち東《ひがし》のかた烏江《うこう》を渡《わた》らんと欲《ほっ》す。烏江《うこう》の亭長《ていちょう》船《ふね》を檥《ぎ》して待《ま》ち、項王《こうおう》に謂《い》いて曰《いわ》く、「江東《こうとう》小《しょう》なりと雖《いえど》も、地《ち》は方千里《ほうせんり》、衆《しゅう》は数十《すうじゅう》万人《まんにん》、亦王《またおう》たるに足《た》るなり。願《ねが》わくは大王急《だいおういそ》ぎ渡《わた》れ。今《いま》独《ひと》り臣《しん》のみ船有《ふねあ》り、漢軍至《かんぐんいた》るも、以《もっ》て渡《わた》ることなからん」と。項王笑《こうおうわら》いて曰《いわ》く、「天《てん》の我《われ》を亡《ほろ》ぼすに、我何《われなん》ぞ渡《わた》ることを為《な》さん。且《か》つ籍《せき》江東《こうとう》の子弟八千人《していはっせんにん》と江《こう》を渡《わた》りて西《にし》し、今《いま》一人《いちにん》の還《かえ》るものなし。縦《たと》い江東《こうとう》の父兄憐《ふけいあわ》れみて我《われ》を王《おう》とすとも、我《われ》何《なん》の面目《めんもく》ありてかこれに見《まみ》えん。縦《たと》い彼言《かれい》わずとも、籍独《せきひと》り心《こころ》に愧《は》じざらんや」と。乃《すなわ》ち亭長《ていちょう》に謂《い》いて曰《いわ》く、「吾《われ》 公《こう》の長者《ちょうじゃ》なるを知《し》る。吾《われ》この馬《うま》に騎《の》ること五歳《ごさい》、当《あ》たる所敵《ところてき》なく、嘗《かつ》て一日《いちにち》に千里《せんり》を行《ゆ》く。これを殺《ころ》すに忍《しの》びず。以《もっ》て公《こう》に賜《たま》わん」と。

◆於レ是項王乃欲三東渡二烏江一。烏江亭長檥レ船待、謂二項王一曰、「江東雖レ小、地方千里、衆数十万人、亦足レ王也。願大王急渡。今独臣有レ船、漢軍至、無二以渡一」。項王笑曰、「天之亡レ我、我何渡為。且籍与二江東子弟八千人一渡レ江而西、今無二一人還一。縦江東父兄憐而王レ我、我何面目見レ之。縦彼不レ言、籍独不レ愧二於心一乎」。乃謂二亭長一曰、「吾知二公長者一。吾騎二此馬一五歳、所レ当無レ敵、嘗一日行二千里一。不レ忍レ殺レ之。以賜レ公」。

こうして項王《こうおう》は、東方の烏江《うこう》の地で「長江を」渡ろうとした。烏江の亭長は船を用意して待ち、項王にいった、「江東《こうとう》は狭小ではありますが、土地は千里四方、人民は数十万人おりますから、やはり王となられるのに充分です。どうか、大王さま、急いでお渡りください。今、わたくしだけが船を持っておりますから、漢《かん》の軍勢がやってまいりましても、渡るすべがございません」。項王は笑っていった、「天がわしを滅ぼそうとしているのに、わしはどうして渡ったりしようか。それに、わしは江東の若者八千人と長江を渡って西に向かったのだが、今では一人の生還者もいない。たとえ江東の親や兄たちが憐《あわ》れんでわしを王にしてくれたとしても、わしは彼らに会わせる顔がない。たとえ彼らが何もいわないでも、わしは自分の心に恥じずにはおれぬのだ」。そして亭長にいった、「わしはそなたが有徳のお方だとわかった。わしは五年間、この馬に乗ってきたが、向かうところ敵なく、以前は一日に千里も走ったものだ。こいつを殺すには忍びない。そなたに進ぜよう」。

❖　❖　❖　❖

項羽は決死の覚悟で垓下の囲みを破り、一路南へと逃走しました。従った騎兵はわずか八百余騎。それが一人また一人と脱落し、東城《とうじょう》（現在の安徽省定遠《ていえん》県の東南）に着いた時には二十八騎にまで減っていました。他方、追跡する漢の兵士は数千人。項羽は最後の戦いを挑もうと二十八騎を四隊に分けて四方に討って出させ、自身は単騎で将校を含む漢軍百人近くを斬り殺しました。

こうして項羽はさらに南へ逃げ、長江西岸の烏江亭《うこうてい》まで来ました。烏江亭は現在の安徽省和《わ》県烏江鎮。江蘇省との境の地で、そこから長江を少し下ると南京《なんきん》市です。ここが「西楚覇王《せいそはおう》」項羽終焉《しゅうえん》の地となりました。いま、そこには項羽を祭った覇王祠《はおうし》が建てられ、項羽の墓もその中にあります。

乃《すなわ》ち騎《き》をして皆《みな》馬《うま》より下《お》りて歩行《ほこう》せ令《し》め、短兵《たんぺい》を持《も》ちて接戦《せっせん》す。独《ひと》り籍《せき》の殺《ころ》す所《ところ》の漢軍数百人《かんぐんすうひゃくにん》なり。項王身《こうおうみずか》らも亦十余創《またじゅうよそう》を被《こうむ》る。顧《かえり》みて漢《かん》の騎司馬《きしば》の呂馬童《りょばどう》を見《み》て曰《いわ》く、「若《なんじ》は吾《わ》が故人《こじん》に非《あら》ずや」と。馬童《ばどう》これに面《そむ》き、王翳《おうえい》に指《ゆび》さして曰《いわ》く、「これ項王《こうおう》なり」と。項王乃《こうおうすなわ》ち曰《いわ》く、「吾聞《われき》く、漢《かん》　我《わ》が頭《こうべ》を千金《せんきん》、邑万戸《ゆうばんこ》に購《あがな》う、と。吾《われ》　若《なんじ》の為《ため》に徳《とく》せん」と。乃《すなわ》ち自刎《じふん》して死《し》す。

◆乃令㆓騎皆下㆑馬歩行㆒、持㆓短兵㆒接戦。独籍所㆑殺漢軍数百人。項王身亦被㆓十余創一。顧見二漢騎司馬呂馬童一曰、「若非二吾故人一乎」。馬童面レ之、指二王翳一曰、「此項王也」。項王乃曰、「吾聞漢購二我頭千金、邑万戸一。吾為レ若徳」。乃自刎而死。

そして「項王《こうおう》は」騎兵全員を馬から下ろして歩行させ、「刀剣などの」短い武器を持って接近戦を展開した。項籍《こうせき》一人が殺した漢兵だけでも数百人に上ったが、項王自身も十箇所あまりの手傷を負った。「項王は」振り返って漢の騎司馬《きしば》（騎兵隊長）であった呂馬童《りょばどう》を見ていった、「おまえはわしの昔なじみではないか」。呂馬童は顔を背け、「項王を」指さしながら王翳《おうえい》にいった、「これが項王だ」。そこで項王はいった、「わしは、漢がわしの首に千金と一万戸の邑《ゆう》との懸賞をかけていると聞いておる。おまえに恩恵を施してやろう」。こういうと自分で首を切って死んだ。

❖❖❖❖

前二〇二年十二月、項羽は戦塵《せんじん》の中で自害しました。享年三十一。前二〇九年の九月に二十四歳で決起して以来、足かけ八年にわたる戦いの日々を送り、一代の英雄はここに世を去ったのです。

「四面楚歌」の段での涙と、烏江《うこう》の亭長に投げかけたさびしい笑いとに象徴されるように、項羽は悲劇の英雄として人々に愛され続けました。そのため、彼を題材とした漢詩がたくさん残されています。猪口篤志さんが編纂《へんさん》された『中国詠史詩』（角川書店刊）の中にそれらが集められていますので、そこから一首、晩唐《ばんとう》の杜牧《とぼく》の「烏江亭《うこうてい》に題《だい》す」という七言絶句《しちごんぜつく》を借り、わたしの拙《つたな》い解説の結びに代えようと思います。

勝敗兵家事不レ期　　勝敗は兵家《へいか》も　事前に予測などできぬ
包レ羞忍レ恥是男子　　恥を忍んで再起をはかってこそ　男ではないか
江東子弟多二才俊一　　江東《こうとう》の若者たちには　優れたものが多い
捲土重来未レ可レ知　　捲土重来《けんどちょうらい》を期せば　帰趨《きすう》はわからなかったものを

おわりに

本書は二十年あまり前に「鑑賞　中国の古典」の一冊として刊行された拙著『史記・漢書』の『史記』部分をもとに書き下ろしたものです。最後に当たり、前著と本書との変わったところ、変わっていないところを書き添えておきたいと思います。

前著では『史記』から「伍子胥列伝《ごししょれつでん》」「魏公子列伝《ぎこうしれつでん》」「秦始皇本紀《しんしこうほんぎ》」「留侯世家《りゅうこうせいか》」の四篇を、いずれも抄出ですが取り上げました。本書の第一部と第二部は、前著の前二篇を基礎にしています。歴史書の記述や構成からそれを編纂した歴史家の思想を解明する仕事が本職なので、前著ではそうしたことに重点を置きました。そこで書いたことを撤回するというのではありませんが、本書ではシリーズの性格を考え、できるだけたくさんの故事成語を挙げたり、周辺の人物を紹介するように努めました。ですから、第一部と第二部の解説部分のほとんどは、新たに書き下ろしたものです。それでも悪い癖が抜け切らず、ところどころに煩瑣《はんさ》な記述が残っているかもしれませんが、投げ出さずにお付き合い願えれば嬉《うれ》しく思います。

第三部は全くの新稿です。当初はあれも入れたい、これも入れたいと思っていたのですが、いざ書き始めるとたちまち構想は崩れ、項羽《こうう》と劉邦《りゅうほう》の足跡を追うことで精一杯でした。名脇役たちのことも、もっと原文で紹介したかったのですが――。

このように変わったところ、変わっていないところがいくつかありますが、一番変わらなかったのは原稿の提出が大幅に遅延したことでしょう。前著では遅れに遅れ、結局は最終回配本になってしまいました。そして二十余年後の本書もまた、同じ結果となりました。陳勝《ちんしょう》のように「数えてみるとすでに期日に間に合わなくなっていた」にもかかわらず、こちらは斬罪《ざんざい》に処せられることはあるまいと高を括《くく》っていたためです。でも、一部には「斬罪に処すべし」の声が上がっていたに違いありません。それが救われたのは、たくさんの方々のおかげです。最後になりましたが、いろいろとお世話くださいました皆さまに、この場をお借りして御礼申し上げたいと思います。

二〇一〇年十月二日

福島　正

ビギナーズ・クラシックス 中国《ちゅうごく》の古典《こてん》

史《し》記《き》

福島《ふくしま》正《まさし》

平成22年 12月25日 初版発行
令和7年 1月10日 34版発行

発行者●山下直久

発行●株式会社KADOKAWA
〒102-8177 東京都千代田区富士見2-13-3
電話 0570-002-301（ナビダイヤル）

角川文庫 16616

印刷所●株式会社KADOKAWA
製本所●株式会社KADOKAWA

表紙画●和田三造

ISBN978-4-04-407219-3 C0198

◆◇◇

角川文庫発刊に際して

角川源義

第二次世界大戦の敗北は、軍事力の敗北であった以上に、私たちの若い文化力の敗退であった。私たちの文化が戦争に対して如何に無力であり、単なるあだ花に過ぎなかったかを、私たちは身を以て体験し痛感した。西洋近代文化の摂取にとって、明治以後八十年の歳月は決して短かすぎたとは言えない。にもかかわらず、近代文化の伝統を確立し、自由な批判と柔軟な良識に富む文化層として自らを形成することに私たちは失敗して来た。そしてこれは、各層への文化の普及滲透を任務とする出版人の責任でもあった。

一九四五年以来、私たちは再び振出しに戻り、第一歩から踏み出すことを余儀なくされた。これは大きな不幸ではあるが、反面、これまでの混沌・未熟・歪曲の中にあった我が国の文化に秩序と確たる基礎を齎らすためには絶好の機会でもある。角川書店は、このような祖国の文化的危機にあたり、微力をも顧みず再建の礎石たるべき抱負と決意とをもって出発したが、ここに創立以来の念願を果すべく角川文庫を発刊する。これまで刊行されたあらゆる全集叢書文庫類の長所と短所とを検討し、古今東西の不朽の典籍を、良心的編集のもとに、廉価に、そして書架にふさわしい美本として、多くのひとびとに提供しようとする。しかし私たちは徒らに百科全書的な知識のジレッタントを作ることを目的とせず、あくまで祖国の文化に秩序と再建への道を示し、この文庫を角川書店の栄ある事業として、今後永久に継続発展せしめ、学芸と教養との殿堂として大成せんことを期したい。多くの読書子の愛情ある忠言と支持とによって、この希望と抱負とを完遂せしめられんことを願う。

一九四九年五月三日

角川ソフィア文庫ベストセラー